河村茂雄（早稲田大学教授）[編著]

合同出版

読者のみなさまへ

　現在、日本の教師の勤務時間は、諸外国と比べてとても長いことが指摘されています。原因には、仕事量の多さとともに、その内容の多様さが挙げられます。なかでも比重が高いのが、保護者との対応で、そのむずかしさもひとしおです。

　背景には、社会における学校や教師の地位の変化、それに伴う保護者の教師に対する認識の変化、そして保護者を取り巻く環境の変化があるのは言うまでもありません。

　教師という社会的役割だけで、保護者から無条件に信頼を得られる時代ではなくなりました。しっかりとした実践をしていればわかってくれ、必要なときは教師に協力してくれる、という保護者像は過去のものです。

　現在の保護者には、「私たちは公教育を受ける権利を持っているのだから、その権利を最大限に行使したい」という思いが強くなっています。

　学校や教師は、さしずめそのサービスの提供者です。サービスに満足がいかなければ、クレームをつけるのは当然というわけです。このような風潮は、急速に全国に広がっています。したがって、ベテランの教師といえども、このような意識をもつ現在の保護者との対応に苦慮するのは当然のことです。

　教職についたばかりの若い教師も、教員養成課程で保護者対応について、講義は受けたかもしれませんが、実習をしたことはないでしょう。数週間の教育実習や、放課後の学習ボランティア、インターンを何年かやっていても、この部分は見えません。現場に出てからはじめて直面するむずかしい取り組みです。

しかし、いくら大変でも、教育実践を良好に進めていくためには、保護者との適切な連携が欠かせません。保護者は、教師にとって協力者にもなり、評価者にもなる存在です。結局、保護者に理解者・協力者になってもらうには、プラスの評価を得て、信頼を獲得していく以外に方法はありません。したがって、教師は現状を受け止め、適切な対応の仕方を身につけ、真摯に対応していくしかないのです。

　本書では、多くの先生がよく直面する保護者対応の場面を取り上げ、対応をするにあたっての考え方を解説するとともに、実際に対応する際の具体的な言い方をセリフにして提案しました。
　アドバイザーは、大学院で心理学を学んだ、小中学校での教職経験も豊富な方々です。経験則だけに流されない専門性をお持ちです。
　本書が、教育現場の先生方が試行錯誤する際、最良の対策を考え出される指針になれば幸いです。

2016年秋
編著者　河村茂雄

もくじ

読者のみなさまへ………… 2

第1章　保護者からの信頼を獲得する

1　教師が保護者に自己開示する………… 8
2　教師の教育実践の内容と考え方を開示する………… 10
3　日常の子どもたちのようすを伝える………… 12
4　教育実践の成果を伝える………… 14
5　保護者に連絡をする………… 16
6　保護者の要望を把握して教育実践に反映させる………… 18
7　保護者同士の関係づくりを主導する………… 20
8　保護者の怒りや不信感を受け止める………… 22
9　教師の対応を説明する………… 24
10　教師に対する保護者の期待を具体的に聞く………… 26
11　保護者との連携を確認する………… 28

Sample1　効果的な学級通信………… 30

第2章　子どもの日常生活の問題やトラブルを報告する

12　授業中などでのケガを保護者に報告する………… 32
13　けんかでケガをした子どもの保護者に連絡する………… 34
14　けんかでケガをさせた子どもの保護者に報告する………… 36
15　いじめ被害者となった子どもの保護者に連絡する………… 38
16　いじめ加害者となった子どもの保護者に連絡する………… 40
17　子どもの違法行為を報告する………… 42
18　子どもの服装の乱れを報告する………… 44
19　子どもの生活態度の乱れを報告する………… 46
20　子どもの成績低下を報告する………… 48
21　特別支援が必要な子どもへの対応を報告する………… 50

Sample2　保護者を説得する効果的な報告書………… 52

第3章　保護者からの相談に対応する

22　1年生の保護者から不安を訴えられたとき………… 54
23　保護者間のトラブルで訴えが食い違うとき………… 56
24　子どもがいじめられていると相談を受けたとき………… 58
25　行事前日に持ち物や服装について質問されたとき………… 60

26　席替えをしてほしいと言われたとき………… 62
　　27　前担任と同じ宿題量にしてほしいと言われたとき………… 64
　　28　別の学習方法を導入してほしいと言われたとき………… 66
　　29　子どもが登校をしぶっていると苦情を受けたとき………… 68
　　30　子どもの不登校が長期化しているとき………… 70
　　31　ほかの保護者の不満を訴えてくるとき………… 72
　　32　学校とは無関係の不満をぶつけられたとき………… 74
　　33　勤務時間外に電話がかかってきたとき………… 76
　　34　保護者から砕けた口調で話しかけられたとき………… 78
Sample3　保護者の要望を知るためのアンケート用紙………… 80

第4章　保護者からの苦情に対応する

　　35　「いつもうちの子ばかり……」と言われたとき………… 82
　　36　教師の説明を一方的に否定されたとき………… 84
　　37　突然感情的に苦情を訴えられたとき………… 86
　　38　となりのクラスの方が落ち着いていると言われたとき………… 88
　　39　子どもの成績に苦情を言われたとき………… 90
　　40　保護者が子どもの服装や髪型を変える気がないとき………… 92
　　41　細かなミスや立ちふるまいなどを指摘されたとき………… 94
　　42　ほかの教師に対する不満を訴えてきたとき………… 96
　　43　電話口で教育委員会に連絡すると言われたとき………… 98
　　44　教師や学校に対する不満を教育委員会に訴えたとき………… 100
　　45　保護者のあいだで教師批判が広まってしまったとき………… 102
Sample4　保護者からのクレーム対応のフロー………… 104

第5章　保護者の義務や学校からの要請を無視する保護者に対応する

　　46　教材費や給食費の滞納が続くとき………… 106
　　47　書類が提出されないとき………… 108
　　48　予定の急な変更を要請されたとき………… 110
　　49　言葉や文化の違う保護者とコミュニケーションをとるとき………… 112
Sample5　自治体などで作成している外国人保護者への支援資料………… 114

　　　あとがきにかえて………… 115
　　　編著者・執筆者紹介………… 118

第1章

保護者からの信頼を獲得する

　教師の人柄や教育方針を知ってもらうことが、保護者からの信頼を獲得する第一歩です。

　人間は相手がどのような人間かわからないとき、自分の本心を明かして相手に接することはまれで、表面的な関係になりやすいのです。そのような関係で、自分の思いに反する行動をとられると、批判的にとらえてしまうことが多くなります。

1 教師が保護者に自己開示する

　保護者は評価者であると同時に、協力者・理解者にもなり得る存在です。保護者から信頼を獲得することができれば、よき協力者・理解者になってもらうことができます。そのためには、保護者と良好な人間関係をつくる必要があります。

　教師自身がどのような人間なのかを開示し、親しみを持ってもらうことが、良好な人間関係をつくる第一歩です。保護者会や参観日、学級通信などを活用して、自己紹介をします。

よくない対応・しがちな対応

学校や学年、担任の教育方針だけを伝達して終わる

本校では豊かな心、確かな学力、健やかな体を子どもたちに育てていきたいと考えています。とくに、本校は昨年度から県の研究指定を受けて、学力の向上に取り組んでいます

まじめそうだけど、どんな先生なのかしら……

　保護者と対面できる機会は限られているため、決められた伝達事項を優先させると、つい事務的な対応になり、そのまま終了時刻になってしまうことがあります。また、過度に緊張して、自己開示的な話ができないことがあります。

保護者の気持ちと反応

教師との心理的距離が縮まらない

　教師が構えているため、保護者も構えてしまいます。教師に対する心理的距離が縮まらず、お互いに牽制する雰囲気が生まれがちです。

教師の対応を評価的に見るようになる

　教師の対応を1つひとつ評価的に見るようになります。少しでも疑問に感じればすぐに個別に教師に問い合わせるようになり、保護者が納得する説明を求めるようになります。

 こうしよう

①元気よくあいさつし担任できた喜びを伝える

> 3年2組を担任することになりましたタカハシカナです

> 元気な子が多いクラスなので、1年間がとても楽しみです

　第一印象が大切です。明るく元気な声で自分の名前を伝え、担任できる喜びを伝えます。

②教師の人となりがわかるような自己紹介をする

> 趣味はバレーボールです。高校では全国大会に出場しました。運動量でもまだまだ子どもたちに負けないつもりです

　出身地や家族構成、趣味、特技などについて、3分程度で具体的に自己紹介していきます。

③保護者にも自己紹介してもらう

> 保護者のみなさまからもお願いします

> コバヤシヒナノの母のセツコです。ヒナノは少しおとなしいので、友だちができるか心配しています。よろしくお願いします

　保護者にも自己紹介してもらいます。子どもの名前、子どもの家庭でのようす、このクラスに期待していることなど、話してもらいたいことをあらかじめ板書し、それにしたがって話してもらいます。

▶▶アドバイス

　人は、相手がどのような人間かわからないのに、自分の思いを明かして相手に接することはほとんどありません。そのようなときは、相手を少なからず警戒し、両者の関係は表面的になります。良好な人間関係を形成するには、お互いに相手のことを知ることが第一歩です。教師が保護者と協力したいと考えるならば、自分を知ってもらえるような情報を教師から開示して、そのきっかけをつくっていくことが必要です。

2 教師の教育実践の内容と考え方を開示する

　教師がしっかりとした教育実践をすることは当然のことですが、それを保護者に適切に伝えていくことが、これからの教師の仕事として必要になってきました。「インフォームドコンセント」(同意を得る)と「アカウンタビリティ」(説明責任)です。教師の教育に対する考え方とそれを実践する方法を、保護者がわかるように伝えていくことが求められているのです。学期はじめや月はじめなど区切りのよい時期、保護者会、学級通信などで定期的に伝えていきます。

よくない対応・しがちな対応

形式的な説明をしたり理想の教育論や精神論を語ったりする

現在、算数では小数のかけ算の勉強をしています。学習内容がぐんとむずかしくなってきました。ぜひ、ご家庭でも学習を見てあげてください。社会では……

とにかく、子どもたちがいきいきと活動し、明るく輝いていること、これが、私の目指す理想の教室です

先生は子どもにどんな教育をしてくれるのかしら？

　保護者が知りたいのは、自分の子どもに対して具体的に何をしてくれるのかです。その説明がないと、教師が伝えたい思いや教育実践論が保護者に伝わりません。

保護者の気持ちと反応

つかみどころがなく物足りなさを感じる

　形式的で一般的な説明は具体性に欠けるため、保護者は軽く聞き流してしまいます。心に響くものがなく、物足りなさが残ってしまいます。

教師の熱意と専門性に疑問を感じる

　教師がいくら熱っぽく語っても、その内容が抽象的、精神論的だと、保護者はかえってその教師の熱意や、教育実践に関する専門性に疑問を感じます。その結果、教師の対応を信頼して見守ろうという気持ちが湧いてきません。

①学級目標を踏まえて教師の教育方針を具体的に説明する

失敗した子どもがいたら、「ドンマイ」と周りの子どもが声をかけ合うクラスをつくっていきたいと思います

　教育方針の大枠は学級目標に表れます。しかし、学級目標は「明るく元気な子」「支え合う子」など抽象的なものです。そこに保護者がイメージできる具体例を盛り込んで説明します。

②教育実践の方法を具体的に説明する

授業では、ペア学習やグループ討論の時間を設けて、１人ひとりの発言意欲を高めます

　授業の形態や理想の展開を語るだけでなく、そこに至るために何をするのかを具体的に説明します。たとえば、「授業では子どもたちの発言を促します」では物足りません。子どもたちの発言を促すための具体的な方法を説明します。

③保護者に協力をお願いする

学級のようすは、学級通信などで定期的にお知らせします。学級のことや子どもたちのことで、お気づきの点やご要望がございましたら、ぜひお寄せください。保護者のみなさまと思いや考えを共有していけたらうれしいです。みなさまのご協力をお願いします

　学級通信などを通して教育実践の経過を定期的に知らせることを説明し、保護者の協力を要請します。

▶▶アドバイス

　数年前までは、教育実践の詳細はあいまいにしておく方が保護者からクレームがつかない、という考え方が一般的でした。しかし、現在では、教師がどんな教育実践をしようとしているのかを保護者に理解してもらい、そのうえで協力関係を形成していくことが求められています。このような教師の姿勢が、保護者の信頼を獲得していくことにつながるのです。

3 日常の子どもたちのようすを伝える

　保護者は、自分の子どもの学校生活や活動のようすを知りたいと思っています。保護者会や学級通信などを通じて、学級のようすを定期的に伝えていきます。

　授業のようすだけではなく、休み時間のようす、給食時のようすなど、なにげない日常の学校生活のようすも、保護者の関心事です。1人ひとりの子どもが学級のなかでどのように過ごしているのかを、保護者がイメージできるように伝えると、保護者は安心します。

 よくない対応・しがちな対応

特定の目立つ子どもばかりを紹介する

> 2組は運動の得意な子が多く、運動会ではアンカーのサトウさんの活躍で優勝しました

> うちの子のようすを知りたいのに……。先生に直接聞かないとだめかしら

　教師は、保護者がわが子を中心に学級のようすを知りたがっているということを忘れて、学級内で活躍している子どもだけに目を向けがちです。

 保護者の気持ちと反応

自分の子どもがしっかりやれているか心配になる

　子どもの学校でのようすがわからない場合、保護者はまず子どもに聞きますが、それは一面的な情報になりがちです。友だちとのトラブルを少しでも耳にすると心配になり、教師の対応に不安を感じるようになります。

教師の対応を好意的に見守れなくなる

　心配が続くと、教師の対応を好意的に見守ることができなくなります。子どもがつらい目にあっているなどと少しでも聞くと、心配は急速に高まり、教師へのクレームにつながる可能性も高まります。

①学級全体のようすを伝える

男の子たちは休み時間、先を争って校庭に飛び出していき、ドッジボールをしています。最近では、女の子も参加するようになり、クラス全体の遊びになりつつあります

　学級の大まかな雰囲気を伝えます。授業中だけでなく、休み時間や給食時など、日常生活全般のようすを取り上げます。

②目立たない子どものようすも均等に取り上げる

ケイスケくんはいつも早く教室に来て、おはようと元気よくあいさつしてくれます

　目立たない子どもこそ忘れずに、日常の小さなエピソードをていねいに伝えます。そのため、日頃の観察と記録が欠かせません。

③学校でのようすが家庭での親子の話題になるように伝える

●学級通信で取り上げると面白い話題・ランキング
・「好きな教科ランキング」
・「1学期の楽しかった思い出ランキング」
・「休み時間にしていることランキング」
・「みんなの習い事調べ」
・「最近の気になるニュースランキング」
・「みんなで選ぶ！　文化祭がんばっていた人ベスト3」
・「みんなに聞きました。1週間に本を何冊読みますか」
・「みんなに聞きました。宿題のほかにどのくらい勉強していますか」
・「最近はまっていることランキング」

　子どもたちにアンケートをし、好きな給食の献立ベスト3や、好きな遊びベスト3などを、学級通信で紹介し、家庭で親子の話題にできるように配慮します。日頃の学校でのようすを開示することで、保護者の好意的な関心が高まります。

▶▶ アドバイス

　各学級には学習や運動に秀でた子どもは必ずいるものです。そうした子どもは学校全体の行事でも活躍しますから、学級全体のようすを伝えるときにはそうした子どもを取り上げる比率が高くなるのは自然なことです。しかし、保護者にとっては自分の子どもが中心であるのも当然なことです。したがって、各学期を通して、すべての子どもをかならず均等に取り上げるようにチェックします。

4 教育実践の成果を伝える

　学級全体の教育実践の成果は、学期や学年の終わりの保護者会など、節目ごとにある程度の資料を用意し、20分前後で伝えます。事前に調査した項目についてグラフに示し、教師が解説すると保護者にわかりやすくなります。
　また近年は、よい面だけを伝えるだけでは保護者は納得しません。学級の課題や問題があれば、その原因を説明し、「今後はこのような方法で対応していきます」と対策を具体的に提示することで、保護者の理解を得るようにします。

 よくない対応・しがちな対応

記憶だけでふり返りみんながんばりましたと締めくくる

いろいろなことがありましたが、まあ、みんながんばりました

え？　みんながんばった、でおしまい？

　保護者の、学校の教育実践のあり方を見つめる目はひと昔前とはすっかり変わっています。何をどのように取り組み、どのような成果が得られたのか、保護者が納得するように説明することが求められています。

 保護者の気持ちと反応

漠然とした説明に、教師への信頼感が低下してしまう

　説明が漠然としているため、エビデンス（信頼性のあるデータ）に基づいていないと感じられ、保護者は教師への信頼を急速に失ってしまいます。

教師の教育実践に対する専門性を疑うようになる

　教師は何かを隠している、うまくいっていないのではないかという疑念をもちます。さらに、教師の専門性にも疑いを抱くようになります。その結果、保護者は教師に対してクレームや要望を細かく出すようになります。

 こうしよう

①エビデンスに基づいて教育実践の成果を説明する

 このクラスは、やる気のある子が多く、学習意欲は全体として全国平均よりも高くなっていますが、二極分化している傾向があります。やる気が落ちている子どもたちへの手立てを講じていこうと考えています

●保護者の知りたい情報
・学習の定着度
・学習意欲
・友だち関係
・学級との関わり
・部活動(中学校)
・進路意識(中学校)

　事前に調査した項目について、データを整理してグラフ化した資料を作成し、それらをもとに簡潔に説明します。

②課題、問題点も対策を示しながら説明する

 友だち関係では、仲のよい子たちが集まったグループがいくつかできていますが、今のところまだ、学級全体の大きなまとまりには至っていません。係活動や学校行事などで、お互いのよさやがんばったところを認め合う活動を取り入れて、友だち関係が広がるようにしていきたいと思います

　教育実践のすべてがうまくいくということはありません。課題はかならず残ります。課題への対応策を示しながら、保護者にていねいに説明します。

③保護者からの質問や要望を受け入れこれからの協力を要請する

 土曜日補習のご要望は管理職と相談しますので、今後の課題とさせてください。みなさまには、これからもご協力よろしくお願いします

　保護者の質問には真摯に答えます。要望はすぐに受け入れられるものは受け入れ、むずかしいものは今後の課題とします。最後に、保護者の協力を要請します。

▶▶アドバイス

　公立でも学校選択制度をとる自治体が増えるなど、保護者が学校の教育実践のあり方を見つめる目は年々厳しくなっています。保護者は、自分の子どもがより安定した環境で成長していくことを望んでいます。したがって、教育実践の課題や問題が隠されたり、曖昧にされたりすることをもっとも嫌います。課題や問題点を明確にして、今後はどのように対応していくのかを具体的に示した方が、保護者は納得し、安心します。これからの教師は、自らの教育実践の成果と課題について、データで根拠を示し、対策をていねいに説明することが求められているのです。

5 保護者に連絡をする

　保護者は子どもの学校でのようすを毎日見ることはできません。自分の子どもが学校でどのように過ごしているのか、何かトラブルに巻き込まれてはいないか、不安を感じている保護者は少なくありません。
　教師からの情報は、保護者にとって教師の人となりを感じ取り、信頼関係をつくるための材料となります。子どもを安心して学校に送り出してもらうために、教師からこまめに学校のようすを伝えることが大切です。

よくない対応・しがちな対応

欠席の連絡に形式的なサインですませる

　多忙な1日のなかで、コメントを書く時間をつくるのはむずかしいことです。教師は、時間短縮のために形式的な対応をしてしまいがちです。

保護者の気持ちと反応

▌自分の子どもを気にかけてもらえていないと感じる

　サインだけでは、教師はわが子を気にかけてくれないと感じます。その思いは、日頃はどうなのかという疑念につながり、教師の指導にも不安を感じるようになります。

▌不安が教師の対応への不満に変わる

　その日の学校のようすがわからなかったことに不安を感じるだけでなく、明日の準備物は何か、明日はどんなことがあるのかなど、翌日の情報がないことにも不安を感じます。その不安は、情報を伝えてくれない教師の対応への不満に変わります。

 こうしよう

①その日のできごと、明日の予定、心配している気持ちを伝える

体調はどうですか？ 今日はタクミくんがいなかったので、クラスのみんなも寂しがっていました。明日はタクミくんが楽しみにしていた図工があります。この前の続きをやるので、元気になって学校に来てくださいね。待ってます

明日の図工はこの間の続きをするんだ。クラスのみんなも待っててくれてるみたいでよかったわ

　子どもが欠席したときは、まずは心配していることを伝えます。さらに、その日の授業のようすや、翌日の予定、準備物を伝え、子どもや保護者の疎外感を軽減します。

②電話をかけて保護者からの情報提供を求める

今日のタクミくんは、普段より元気のないようすだったのですが、お家で何か話していましたでしょうか？

そうでしたか。ありがとうございます。こちらからも学校のようすをお伝えしますので、ご家庭でも気になったことがあればどんどん教えてください

昨日、ユウマくんとケンカをしてしまったようなのです

　子どものようすに気になるところがあった場合には、家庭でのようすを直接聞き取ります。保護者にとっても教師の声を直接聞くことで安心することができます。

③保護者との連絡手段を確認する

日中のご連絡先を連絡帳に書いていただければ、こちらからご連絡いたします

　教師も保護者も忙しい毎日を送っています。お互いに取りやすい連絡方法を決めておくことで、こまめなやりとりが可能になります。

▶▶アドバイス

　教師からの日頃のこまめな情報提供と、「子どもを常に気にかけています」というメッセージは、保護者の安心感につながります。「教師は自分の子どもを気にかけて、よく見てくれている」と感じるからこそ、保護者は何か気になることがあったときに、教師に相談しようと思えるのです。保護者との情報共有は、信頼関係構築の第一歩です。それは、結果として子どもの心の安定にもつながっていきます。

6 保護者の要望を把握して教育実践に反映させる

　価値観が多様化している現代、学校や教師に対する保護者の要望も多様化しています。そんななかで、教師が教育実践や学級経営をより充実させるためには、学級の子どもたちの実態だけでなく、保護者の要望も的確に把握し、実践に反映させていくことが求められます。反対に、それができなければ、保護者の教師に対する評価が下がってしまう厳しい状況にあります。

よくない対応・しがちな対応

教師の理想や得手不得手だけで教育実践をおこなう

私は体育が得意ですので、子どもたちの体力づくりに力を入れたいと思っています

勉強が苦手なうちの子の補習をしてもらいたいと思っていたのに。学校にはまかせておけないわ

　よい実践をしたいと考えるあまり、教師の思いだけが先行する場合があります。すると、自分の理想や得手不得手に偏った実践になってしまいがちです。

保護者の気持ちと反応

学校に協力する必要性を感じなくなる

　教師が一方的に教育実践をおこなおうとすると、保護者は、自分が望む教育とのズレを感じて学校の教育への期待度を一気に低下させ、教師からの期待に応える必要性も感じなくなります。その結果、PTA活動や地域交流など、学校の活動に関しても協力しようという気持ちが薄れます。

学外での教育に力を入れはじめる

　自らが求める教育を実現させるため、塾や予備校など、学外での教育を重視しはじめます。その結果、学校での学習は二の次になり、学校にはただ通わせているだけの状態になります。

♡ こうしよう

①保護者が要望を出せるようなしくみを整える

アンケートを準備しました。要望がございましたら、ぜひこちらに記入して提出してください

これで私たちの思いを聞いてくれるのね

　保護者が要望を出せるようなしくみを整え、教師と保護者が気楽に話せるような雰囲気をつくります。

②実現可能な形で要望を取り入れる

ご意見ありがとうございます。漢字と計算を定着させてほしいとのご意見が多くありました。そこで、毎日プリントを1枚ずつ宿題に出したいと考えています。また、こまめに小テストをおこなって定着度を確認していきます

学校がここまでやってくれるなら助かるわ。家でしっかりやらせなくちゃ

　保護者からの要望を整理し、その結果を開示します。おもな要望に対する教師の考え方を伝え、実現可能な形を提案します。

③要望を取り入れた実践の成果を定期的に伝えます

先日おこなった漢字の小テストで、8割の子どもが90点以上を取れるようになりました

うまく結果が出ているのね。安心だわ

　実践を定期的にふり返り、結果をデータで保護者に示します。結果が見えないと保護者の取り組みへの意欲が低下していきます。

▶▶ アドバイス

　学級経営が教師の独擅場になっている場合、教師の教育実践にかける思いが保護者にうまく伝わらず、不満が広がることがあります。保護者の理解と協力を得るためにも、方針について、教師と保護者が相互に意見を交わせる場を設けます。そして自分の考えに保護者の要望をうまく取り入れていくことで、みんなでクラスをつくり上げていくという意識をもたせることができます。

7 保護者同士の関係づくりを主導する

　人間関係が希薄化していると言われている今日、学校でも個人情報の取り扱いによる連絡網の廃止などで、保護者同士が交流を持ちにくくなっています。そのため、学校で起こったできごとも、自分の子どもに関わりのないことならば知らないで過ごしてしまうことも少なくありません。
　こうした事態を防ぐためにも、教師は日頃から保護者同士の関係づくりを積極的にリードしていくことが大切になっています。

 よくない対応・しがちな対応

保護者会に保護者が出席するのは当然と考えている

あれ？　前回よりも人が少ないな。今日はみんなで考えたい話題があったのに……

知らない人ばかりの会に出席するのはめんどうだし、話の内容も自分の子どものことではないし。個別面談で先生と話ができるのだから、わざわざ保護者会に参加する必要はないわね。次回からは欠席しましょう

　保護者は大人なので、自分たちで関係性をつくれると考えてしまい、教師側から意識して保護者同士の関係づくりをおこなうという発想が不足しがちです。

 保護者の気持ちと反応

わが子が関係しない限り関知しない態度を示すようになる

　自分の子どもが関わっていない限り、学級の問題が自分にも関わりがあることだと感じなくなります。下手に巻き込まれたくないので、仲よくしている家庭以外とは関わりを避けるようになります。

教師まかせになり協力しようという意識が低くなる

　教師に質問されれば答えるものの、自分たちで積極的に問題を解決しようという意識が薄らいでいきます。その結果、教師に協力する保護者がいなくなり、問題解決に向けて教師だけが奔走する状態になってしまいます。

 こうしよう

①教師が自己開示しながらリーダーシップをとる

 私も小学生の頃、友人とけんかをして学校に行くのがいやになったことがあります。学校は楽しい場であってほしいと思っています

 ほんとうにそうね

　保護者が教師を身近に感じられるように、教師がどのような人間なのかや、教師の本音などを伝え、まずは保護者との関係を深めます。

②保護者同士のグループをつくり話し合いの場を設定する

 せっかくですので、いまからグループになって交流していただければと思います

　4人くらいの小グループを基本とします。毎回メンバーを変え、全員と顔見知りになれるようにします。保護者が興味をもちやすい議題を設定し、自由討論にすることで話しやすい雰囲気をつくります。

③話題は保護者全体で共有し意識統一する

 私たちのグループでは、計算のプリントと漢字のプリントを日替わりで1枚くらいがちょうどよいという意見が多く出ました

 私たちのグループも計算プリントを出してほしいとの意見が出ました

 みなさん同じ考えなのね、安心したわ。これなら協力できそう

　1人ひとりの意見を集約し、学級全体で共有することで、全員がこのクラスの仲間であるという意識を高めます。

▶▶アドバイス

　教師と保護者、保護者同士の信頼関係がない場合、教師の話す内容は一般論としか聞こえず、実際には、自分の子どもの問題に対して個別に訴えるだけで、学級全体の問題として共有されなくなってしまいます。

　学級全体が一丸となって進むためにも、教師は学級開き直後からリーダーシップを取り、意図的に保護者同士の人間関係の構築を図っていくことが求められます。

8 保護者の怒りや不信感を受け止める

　保護者が教師に苦情を伝える場合、教師への不信感で感情的になっていることが少なくありません。そのため、攻撃的に責め立てたり、ヒステリックになじったり、一方的に主張したりすることがあります。
　建設的に話し合いを進めるには、まずは保護者の怒りをしずめなければなりません。教師は、保護者の怒りの感情に巻き込まれないようにしながら、それを受け止め、話し合いをスタートさせる基盤をつくることが大切です。

よくない対応・しがちな対応

親からの一方的な主張に対して教師も感情的に反論してしまう

うちの子がイクオくんに押されてケガをしたんです！先生はきちんと指導をされているんですか？

ダイチがウソをついていると言うんですか!?

「押された」とおっしゃいますが、ダイチくんもイクオくんを押していましたよ？　ダイチくんから話をきちんとお聞きになったんですか？

　保護者から強い感情を向けられると教師は動揺します。そのため保護者の感情に巻き込まれ、教師側も感情的な発言をしてしまいがちです。

保護者の気持ちと反応

訴えを否定されたと感じてより攻撃的になってしまう

　教師に自分の訴えを否定されたと感じます。より感情的になって教師を否定したり、ねじ伏せようとしたりするなど、攻撃的な言動が強まります。

教師との関わりを拒否し被害感情を言いふらす

　この教師には何を話してもむだと考え、謝罪や提案に耳を傾けなくなります。不満や怒りを仲のよい保護者に訴え、脚色された話がほかの保護者にも広がります。

① 保護者の訴えを反論せず最後まで聞く

先生はイクオくんの方が頭がいいのでかわいいのだと思いますし、忙しくてうちの子なんか見ていられないのだとは思いますが……

（そうではないのにと思いつつ）なるほど、そう受け取られてしまったのですね

　話の内容が一方的であったり、明らかに誤解されていると感じたりしても、途中で反論したり話の内容を否定したりせず、最後まで保護者の話を聞きます。

② 保護者の感情に巻き込まれない

せっかく元気に通っていたのに、学校に行きたくないと言い出したらどうしてくれるんですか！　イクオくんを学校に来させないでください！

お母さんを不安にさせることになってしまって申し訳ありません

　保護者の感情に巻き込まれないようにします。訴えの内容にではなく、不安を感じさせたことに、まずは謝罪の気持ちを伝えます。

③ 保護者の訴えを聞きながら内容を整理する

子ども同士のトラブルがあるのは当たり前だとは思いますが、この件でほかの子からもバカにされて教室にいづらくなったりしたら、どうすればいいんですか

お母さんの不安のポイントは、今回のことがきっかけで、ダイチくんが不登校になってしまうのではないかというところにあるんだな

　保護者の話を聞きつつ、保護者がどのような点にもっとも不安や怒りを感じているのかを整理していきます。

　保護者の話を反論せずに最後まで聞くと、その言い分を無条件に認めることになるのではないか、と思うかもしれません。しかし、訴えに反論してけんかになってしまうと、それ以降、話し合い自体が拒否され、対応が長引いてしまう可能性が出てきます。大切なのは、教師の正当性を保護者に認めさせることではなく、保護者の怒りや不信感を払拭することです。保護者の感情を受け止めて怒りをしずめ、冷静に話し合える心の状態にもっていくことを第一に考えましょう。

9 教師の対応を説明する

　教師が保護者の気持ちを受け止めることができれば、保護者は冷静になり、教師の言葉に耳を傾ける余裕が出てきます。保護者の感情が落ち着いたら、教師がとった対応を、時系列にしたがって説明していきます。
　ポイントは、説明が釈明や言い訳になってしまわないことです。教師は事実を、推測や主観を交えずに保護者に伝えることが求められます。

よくない対応・しがちな対応

説明に教師の推測や主観が紛れ込む

リョウジくんがヒロユキくんに嫌がらせをしていました。ヒロユキくんが嫌がっているだろうなと思ったので厳しく注意しました

ヒロユキくんはほんとうに嫌がっていたんですか？　2人でふざけ合っていただけなんじゃないですか？

　トラブルの解決を急ぐあまり、自分の印象で物事を理解してしまいがちです。そのため、説明にも推測や主観が紛れ込みやすくなってしまいます。

保護者の気持ちと反応

教師の説明に納得できず不信感をもつ

　「嫌がらせ」「嫌がっているだろうな」というのは、教師の推測や主観です。保護者は、教師の説明に納得できず、不信感をもちます。その結果、教師が「言い訳をしている」「ごまかそうとしている」と受け取るようになり、説明を素直に聞き入れられなくなります。

問題に対応できない教師という評価を下す

　教師の対応は正しい判断に基づいておらず、間違っていたと感じます。その結果、教師の対応力に疑問をもつようになり、問題にきちんと対応できない教師という評価を下してしまいます。

①主観や推測を交えずに「行動」を説明する

> リョウジくんがヒロユキくんの鉛筆を持ち、走って逃げ、それをヒロユキくんが追いかけていました

> ヒロユキくんが「返してよ」と言っていたので、リョウジくんに止まるように注意しました

> なるほど、そういう状況だったのね

　教師の主観や推測は織り交ぜず、子どもの行動と教師の対応をそのまま伝えます。保護者は状況を具体的にイメージしながら話を聞くことができます。

②教師の解釈を伝える場合は根拠を示す

> リョウジに、なぜそのような行動をしたのか理由は聞いたんですか？

> 本人はいたずらだったと教えてくれました。その話から、リョウジくんは、自分がしたことは大したことではないと思っていたと思います。でもヒロユキくんは「返して」とリョウジくんに訴えていたので、ヒロユキくんの気持ちをリョウジくんに説明しました

　保護者の質問にも行動を基本に説明し、教師の解釈や考えを伝える場合は、その根拠を明確に示します。

③分析的に伝えることで双方が感情的になるのを防ぐ

> うちの子はそんなことをしたのですね。よくわかりました

> お母さんに状況がきちんと伝わってよかった

　教師が自分の主観や推測を織り交ぜず、事実を行動レベルで分析的に伝えることで、保護者も教師自身も感情を高ぶらせることなく冷静に話すことができます。

▶▶アドバイス

　保護者にとって、自分の子どもの問題と向き合うには覚悟が必要です。感情が揺れるのも仕方のないことです。保護者の感情を必要以上に高ぶらせないために、不安な気持ちに寄り添いつつ、状況を1つひとつ順番に、かつ具体的に伝え、教師が勝手な判断に基づいて過剰な指導をしたと受け取られないようにすることが大切です。

10 教師に対する保護者の期待を具体的に聞く

　教師の対応を説明した時点で保護者に納得をしてもらえればひと安心ですが、それでは収まらない保護者がいます。なかには、保護者と教師のどちらが正しいのか、はっきりさせることにこだわる保護者もいます。

　大切なのは白黒つけることではなく、教師と保護者が連携し、子どものためのよりよい対応について話し合うことです。教師にどのような対応を期待していたのかを保護者から聞き出し、教師が現実的にできる対応を確認していきます。

よくない対応・しがちな対応

どちらが正しいのかにこだわる保護者にふりまわされる

　訴えを受け止めようとするあまり、保護者と同じ視点にはまってしまい、ずるずるとつき合うことになりがちです。

保護者の気持ちと反応

だれが悪いのかにこだわり教師を巻き込む

　自分の子どもが間違っていたことを認めたくないあまり、よい・悪いの視点から抜け出すことができず、教師に対しても、二者択一で結論をせまります。

教師への不信感が増し、今後の対応について協力をしなくなる

　自分の望む結論を出さない教師に不信感が高まります。何を言ってもむだだと感じ、その後の話し合いや対応に非協力的になっていきます。

①話し合いの視点を原因追及から「連携」に変える

 それは、リョウジが間違っていたということですか？

 大切なのは、これからリョウジくんが学校を楽しく過ごせるようにしていくことだと思います。それについて話し合いませんか？

　だれが正しいのか、間違っていたのかという議論ではなく、今後、教師と保護者が連携してどうしていくのかについて話し合うようにうながします。

②どのような対応を期待していたのか尋ねる

お母さんは、学校にどのような対応を期待されていましたか？

リョウジくんをみんなの前で叱ったことを、お母さんは気にしているんだな

私としては、2人のようすをもう少し見守っていてほしかったです。子ども同士で解決できたかもしれないじゃないですか。そうすれば、リョウジがみんなの前で怒られなくてもすんだかもしれないでしょう

　保護者の要望が少々自分勝手であっても、途中で遮らずによく聞き、保護者の思いを理解します。

③要望が受け入れられない場合には質問で調整する

ヒロユキくんが「返して」と言っても返さないようすをクラスのほかの子たちは見ています。早めに止めないと、「リョウジくんがヒロユキくんをいじめている」と受け取る子どもが出てくる可能性があり、私はそれも心配しています。お母さんはどう思われますか？

 それもそうですね……

　要望の内容を受け入れられない場合には、その対応を取ることによって予想される周囲の反発などを伝え、保護者に考えてもらい、意見を求めます。

▶▶アドバイス

　大切なのは犯人探しではなく、子どものために何ができるのかを、一緒に考えることです。教師の対応によって起こる子どもたちの反応を想定しながら、保護者が自分の気持ちに折り合いをつけ、子どものために教師と協力できる関係性を構築することがポイントです。

11 保護者との連携を確認する

　保護者の感情を受け止め、教師の対応を説明し、今後教師に望む対応を質問する。この作業をくり返すことで、教師の方針と保護者の希望が合致した対応策が生まれます。何をどのように連携していくか、1つひとつ確認したうえで、それを実行に移します。その後も、対応がうまくいっている点、うまくいっていない点などを確認し合い、必要に応じて対応策を変更するなどの調整が必要です。問題が解決されるまで、双方が連携しながら進んでいくことが大切です。

よくない対応・しがちな対応

対応後の調整を怠る

今日、家庭訪問に来ていただける約束じゃなかったでしょうか？

連絡せずにすみません

今日は、職員会議が突然入ったから時間がとれなかったんだよな……

　よい対応をと考えるあまり、守れなかった場合を想定せずに保護者と約束をしてしまいがちです。そのため、予想外のできごとが発生した場合、教師から約束を破ることになってしまいます。

保護者の気持ちと反応

期待を裏切られたと感じ、被害者意識が高まる

　教師と保護者が話し合って決めた対応は、絶対に守られるものと保護者は受け取ります。それと教師が事前連絡なく破ってしまうと、保護者は強い不満を感じます。教師と協力関係にあると感じていただけに落胆も大きく、裏切られた気持ちになってしまいます。

教師への信頼が崩れる

　教師への不信感が高まり、信頼関係が崩れたと感じます。いままで話し合って決めてきた対応策も白紙になったと感じ、教師をもう一度信頼するところからはじめなければならなくなります。

①対応策を守れない場合の対策も決めておく

週に1度水曜日に、家庭訪問をしたいと思っているのですが、いかがでしょうか？

もし都合がつかず、訪問できない場合には、事前にお電話したいと思います。よろしいでしょうか？

はい、大丈夫です

　対応策の内容だけでなく、それを守れない場合があることも想定し、その際の対応方法についても、教師・保護者、双方に無理のない範囲で決めておきます。

②調整時の連絡方法を確認する

すぐにご連絡を差し上げたいときには、携帯電話にお電話してもよろしいでしょうか？

仕事中は留守電になっていますが、メッセージを入れておいていただければかけ直します

　調整が必要になった際は、早めに保護者と連絡を取ることが大切です。連絡の取りやすい方法を確認しておきます。

③保護者と話し合って対応を終了する

最近、学校が楽しいと息子が言うようになってきました

よろしくお願いします

それでは、送り迎えをやめてみましょうか。また不安を訴えるようであれば、すぐに連絡をください

　問題が改善されれば対応は終了します。教師の一方的な判断ではなく、保護者と話し合って終了を決めます。ただし、その後もようすを見守り、気になることがあった場合には、すぐに連絡を取り合うことを確認します。

▶▶アドバイス

　自分の子どもが指導をされた途端、教師に対して攻撃的になる保護者は少なくありません。何かが起きてから関係性を築くのは困難ですので、日頃から気軽に連絡を取れる関係性をつくっておきましょう。それが、いざというときに教師と保護者が連携して対応を進めるための基盤となるのです。

Sample 1　効果的な学級通信

ドンマイ！

○○小学校　6年1組学級通信
2016.6.5　NO.17　〔発行：○○○○〕

今のクラス、51.25点

①　クラスで起きた日常のできごとを報告しつつ、担任の思いと価値観を伝える

　4月に決めた学級目標が3つあります。6年1組では、毎朝、朝の会の時に、みんなで声を合せて学級目標を唱えるようになっています。私は「ただ貼り付けの目標に意味はない。自分たちで決めた目標を本気で目指してほしい。」と伝えています。
　スタートしてちょうど2カ月が経過した6月の会の中で、子どもたちに「きみたちが考える最高のクラスを100点だとすると、今の6年1組は何点？」と尋ねました。そして、子どもたち全員に、自分がつけた点数とその理由を発表してもらいました。最高得点が70点、最低点が40点、学級の平均が151.25点でした。目指している目標の半分程度まで、来ているようです。理由は、「だんだんと楽しいクラスになってきている」、しかし、「まだ、人のいやがることを言ったりしたりする人がいる」、「協力するとか助け合うというところがまだ十分にできていない」というものでした。
　「今の点数、51点でうれしい点数ですか？」ときくと、「うれしくない、もっといい点数を取りたい」と返事が返ってきました。「だれが頑張ればいいの？」ときくと、「自分たちで。」と力強い返答でした。51点という点数は、決していい点ではありません。正直、ちょっと低めだなと思いましたが、それよりも私は、伸びしろとして49点分を残したところに感激したのです。「多くの子が5年生の時より、楽しいクラスになってきた。でも、まだ・・・」と続けたのです。そこには、よりよいクラスにしていきたいという強い意志を感じることができます。この意識があり、努力をしていくのならば、100点に迫ることができます。これからも、ことあるごとに、「このクラス、何点？」と尋ねます。卒業するときには、100点クラスにしたい。

②　日記などから、子どもの生の声を載せる

平岡さとみさん　わたしたちのクラスは、50点ぐらい。少しずつ良くなってきてはいるけど、たりない所がまだたくさんある。自分たちのクラスなんだから、自分たちでよくなるようにがんばっていけると思う。100点クラスをめざしていこう。

うれしかったこと

　帰りの会の前に、私がたくさんの配り物を配っていると、そうじを終えて戻ってきた藤沢みどりさんが「何か？」と声をかけてくれたので、心が温かくなりました。当番でこまっている人・大変そうな人に気づき、やさしい心づかいができる姿がたくさんあるといいなあと思いました。

③　担任がうれしいと思ったできごとを紹介する。学級通信は、子どもを承認し、担任が目指す価値を伝える場でもある

うれしいお便りいただきました

　連絡帳で、保護者の方からうれしい便りをいただきました。先日、行われた球技大会の応援にかけつけてくださり、子どもたちのがんばっている姿を寄せてくださったのです。「子どもたちが、とてもきれい、いい表情になってきている・・・」その言葉に励まされ、ますますがんばろうと・・・

④　保護者や地域の方からのメッセージを載せる。双方向のコミュニケーションの場とする

お世話になっております。先日のソフトバレーすごいね！と思ったことがあったので書かせていただきます。最初に聞いたのは、カバンがきちんとそろえて並んでいましたと、4校の中で一番きれいでした。第一試合の時は、2組の1チームしか試合がなかったので、残りの3チームが横一列にきれいに並んで、そろって応援していた姿も素晴らしかったです。待つ姿勢、応援の姿勢に感動しました。子どもたちが真っ直ぐになってきている気がしてとてもうれしいです。これも全て先生のおかげです。ありがとうございます。これからもどうぞ宜しくご指導お願いいたします。

＜12歳になったあなたへ＞

⑤　子どもたちの生き生きした表情の写真を載せる

近藤英二さん（前列右）　6月7日生まれ
- いいところは、いつもみんなを笑わせて雰囲気をよくしているところです。頼りになるよ。
- 字が上手で、頭がいいね。意見を言えてすご…
- いいところは、遊びにさそってくれるところ…
- いいところは、やさしいところだね。また遊…
- ○○○は、たのしいね。おもしろいね。

⑥　誕生日はだれにでも平等に訪れる。いいとこさがしのメッセージを贈る

▶▶ アドバイス

　保護者がとくに知りたいのは、「子どものようす」と「担任の考え方や対応」です。①子どもたちのようすを生き生きと描く、②1人ひとりのよいところを知らせる、③学級の問題点や課題を担任の願いとともに伝える、の3つを意識して通信に盛り込みます。子どもの人権や登場する回数にも十分配慮します。

第2章

子どもの日常生活の問題やトラブルを報告する

　見方を変えれば、教師の管理責任が問われる場合もある状況です。このような場合に、問題を隠したり、軽く見せたりすることはもっともしてはいけない対応です。発覚した場合、信頼は失墜します。

　問題の把握に努め、時系列で整理し、学校側はこれからどのように対応するかの方針を明確にして、速やかに保護者に連絡することが必要です。

12 授業中などでのケガを保護者に報告する

　授業中のケガは、大きなものから小さなものまでさまざまです。どのようなケガであっても、本人と話しながらまずはケガを処置し、その後、素早く具体的に真摯に対応することが大切です。
　保護者に報告するときには、いつ、どこで、どんなケガを、なぜしたのかを正確に伝えます。また、学校では平気そうにしていても、下校後に悪化する場合もあります。大丈夫だと高をくくらず、真剣に対応することが必要です。

よくない対応・しがちな対応

軽いケガだと思い込み保護者への連絡が遅れる

連絡が遅くなりすみません。今日、ユウスケくんは足首をひねってしまったようなのですが、家でのようすはどうですか？

下校してから3時間も経っていますよ。もし大きなケガだったらどうしてくれるんですか！

　子どもがそこまで痛がっていないので大したケガではないだろう、足をひねるくらいはよくあることだから大騒ぎするような事案ではないなどと思い込み、教師はケガ自体を軽く考えがちです。

保護者の気持ちと反応

教師は子どものことを軽く考えているのではないかと不安になる

　子どものケガについて、学校から長時間連絡がないと、教師は子どものことを大切に考えてくれているのだろうかと不安になり、不信感につながることがあります。

子どもを心配して教師の対応に批判的になる

　教師は頼りにならないので、自分が気をつけなくてはと思うようになります。さらに、ケガの原因が教師の対応にあるのではないか、未然に防げたのではないかなど、批判的に考えるようになります。

① ケガの内容とそのときの状況を細かく正確に伝える

体育の授業中、サッカーボールをけろうとして踏み込んだときに、左の足首をひねってしまったようです

そうでしたか

子どもの言っていたとおりだったわ

　ケガの内容やそのときの状況を教師が正確に把握していることは、保護者の安心につながります。教師が居合わせなかった場合でも、なるべく正確に状況をつかみます。

② 処置後のようすを伝えて経過観察をお願いする

念のため保健室で診てもらいましたが、腫れもなく、ユウスケくんも大丈夫と言うのでそのまま家に帰しました。家でもまたようすを見てあげてください

わかりました。ようすを見てみます

　処置後の子どものようすを保護者に伝えます。学校では教師が、家庭では保護者が子どもを見守り合うという観点から、下校後の経過観察を家庭にお願いします。

③ ケガの翌日にも子どもに言葉をかける

左の足首、どう？

まだちょっと痛いけど、大丈夫です

　ケガをした翌日にも言葉をかけます。子どもは、自分のことを大切にされていると感じます。さらにその気持ちが保護者にも伝わり、信頼を得ることにつながります。

▶▶ アドバイス

　いつ、どこで、どのような状況で、なぜケガをしたのか、また、どのような処置をおこない、どのような経過をたどっているかを保護者に伝えます。たとえ子どもの不注意によるケガだったとしても、子どもの責任を強調するのではなく、起こった事実だけを正確に伝えるようにします。学校は子どものケガに対して素早く慎重に、かつ正確に対応して判断しようと努めていることが保護者に伝わり、安心感につながります。

　ケガそのものを未然に防げたと考えられる場合には、学校全体で情報を共有し、今後、同様のケガが起こらないよう検討していることを伝え、保護者の信頼を得られるようにします。

13 けんかでケガをした子どもの保護者に連絡する

　けんかは、些細なことで日常的に起こります。休み時間など、教師の目が届きにくい場面では、けんかのはずみに子どもがケガをしてしまうこともあります。その場合はケガをした子ども、させた子ども、双方の保護者に報告をします。

　小さな傷であったとしても、わが子がケガをしたとなれば保護者にとっては一大事であり、大きな心配につながる可能性があります。けんかの経緯やケガの状態などを正確に把握し、かならずその日のうちに報告することが大切です。

 よくない対応・しがちな対応

些細なけんかだと判断し連絡を怠ってしまう

> 子どもたちもお互い納得しているようだし、ケガもかすり傷みたいだから、わざわざ保護者に連絡する必要はないだろう

　教師はほかにもやらなければならない多くの仕事を抱えています。子どもたちのけんかやそれに伴うケガについて、教師がそれほど大したものではないと判断したときには、保護者への連絡を怠りがちです。

 保護者の気持ちと反応

わが子のことを大切に扱ってくれていないと感じてしまう

　子どもがけんかをしてケガをしたにもかかわらず、学校側から何も報告がないと、自分の子どもが軽く扱われていると感じます。学級担任や学校に対して不安や怒りの感情が高まります。

けんかをした相手の保護者に対していら立ちを感じてしまう

　子どもがケガをさせられたのに、けんかをした相手の保護者から何も連絡がないと、いったい何を考えているのかと、相手の保護者に対していら立ちが湧いてきます。

①けんかが起こった状況と現在の子どもの状態を説明する

今日の昼休みの時間に、ハルキくんはクラスの友だちと校庭でドッジボールをしていたのですが、ルールのことでケンタくんとけんかになってしまいました。ケンタくんがハルキくんの背中を押した際に、ハルキくんは転んでしまい、ハルキくんの右膝にかすり傷ができてしまいました。アヤミさんがハルキくんをすぐに保健室に連れていってくれて、養護教諭が傷を消毒しました

　子どもたちから十分に話を聞き、事実の確認をしたうえで、いつ、どこで、どんな状況でけんかが起こり、ケガをするに至ったのか、教師はどんな対応をしたのか、現在子どもたちはどんなようすでいるのかなど、けんかの一部始終をできる限りくわしく伝えます。

②管理不行き届きを謝罪する

私の目が行き届かず、ハルキくんのケガを未然に防ぐことができませんでした。申し訳ありません

　ケガを未然に防げなかったことについて、保護者に率直に謝罪します。

③今後の対策と子どもたちへの対応について保護者と確認する

学級の子どもたちに対しては、休み時間中のケガには十分注意するように、明日の朝の会でもくり返し伝えたいと思います。今日の時点では、ハルキくんとケンタくんは仲直りしているようでしたが、明日も引き続き2人のようすを注意して見ていきます

　子どものケガを防ぐため一層の注意を払うこと、けんかをした子どもたちのようすを注意深く見守り、個別の対応をおこなっていくことなど、今後の対応について保護者と確認します。

▶▶ アドバイス

　子どもがけんかでケガをしたことを知った保護者は、子どものケガの状況やけんかをした相手との関係性について心配や不安な気持ちが高まります。けんかになった経緯、教師の対応、現在の子どものようすなどをていねいに伝えることで、保護者の不安感を取り除くことが重要です。また、保護者への報告が後手に回らないように、先手を打った対応をすることが大切です。

14 けんかで**ケガ**をさせた**子どもの保護者**に**報告**する

　ケガをさせた子どもの保護者にも報告します。しかし、ケガの対応に追われて、双方から話を十分に聞かずに報告してしまうと、教師の説明と子どもの話に食い違いが生じ、保護者は、教師の対応に不信感を抱いてしまいます。
　けんかが発生したその日のうちに子どもたちから十分に話を聞き、互いに納得してもらったうえで、ケガをさせた子どもの保護者に報告することが重要です。

　よくない対応・しがちな対応

子どもの話を十分に聞かないまま報告してしまう

> 休み時間に校庭でサッカーをしていたようなのですが、その際に、コウイチくんはサトシくんとけんかになり、コウイチくんがサトシくんを突き飛ばしてしまったようです。サトシくんは右腕にケガをしてしまいました。コウイチくんには私から友だちに暴力をふるってはいけないよと注意をしました

> コウイチはサトシくんに先にちょっかいを出されたと言っています。先生はコウイチから話を聞いていないのですか。きちんと対応してください

　教師はいつも多くの仕事を抱えているため、けんかをした子どもたちの話を聞く時間を十分に取れないことがあります。そのため、経緯を正確に把握せずにケガをさせた子どもだけを注意するなど、簡単な対応ですませがちです。

　保護者の気持ちと反応

┃子どもの言い分を十分聞き入れてくれていないと感じる

　教師の対応についての不満を子どもから聞くと、保護者は、教師が子どもの言い分を十分に聞き入れてくれていないと感じ、いら立ちが湧いてきます。

┃子どもの話を鵜呑みにして教師の説明を聞き入れない

　子どもが話した内容と教師による説明が食い違っているため、教師に対する不信感が高まります。子どもの話を鵜呑みにし、教師からの報告を聞き入れず、教師に対して否定的な態度をとるようになります。

①ケガをさせた子どもと保護者に説明する内容を確認する

> コウイチくん、話をしてくれてどうもありがとう。いま話してくれたことを、少し整理させてもらうよ

> いま確認した話を、先生からお家の人に話そうと思うけど、いいかな？

> コウイチくんからもお家の人に話せるかな？

　子どもの気持ちが落ち着き、話ができるようになるまで待ちます。ケガをさせてしまったときの感情を本人に寄り添いながら理解して、子どもとの信頼関係を築きます。

②教師の推測を含めずに子どもと確認した事実を正確に伝える

> 今日あったことについて、コウイチくんから何かお話はありましたか？

> 話が重複するかもしれませんが、確認のため、私からもお話しさせていただいてもよろしいですか？

> ええ、コウイチから少しですが、話を聞きました

　子どもがすでに話をしている場合には、どんな話を聞いたのか、保護者に尋ねてもよいでしょう。その内容に適宜修正を加えながら、状況を説明します。

③今後の対応と連携について保護者と一緒に考える

> コウイチくんはいまとても動揺していると思います。明日以降もコウイチくんのようすを見守りたいと思います

> サトシくんとサトシくんのご家族も心を痛めてらっしゃると思います。子ども同士、保護者の方同士の今後の関係にも影響が出てしまう可能性がありますので、できれば、お母さまからサトシくんのご家族の方にご連絡をしていただきたいのですが……

　学校での配慮の仕方、家庭での接し方、ケガをした子どもやその保護者への対応などについて、保護者の考えを聞きながら、一緒に考えます。

▶▶アドバイス

　かならずその日のうちに、子どもに対して適切な対応をおこない、保護者に先手を打って対応していくことが求められます。対応に十分な時間をかけられないと感じた場合には、管理職やほかの同僚教師に協力を要請することが大切です。

15 いじめ被害者となった子どもの保護者に連絡する

　学級でいじめが発生したという事実は、学級担任にとってつらく、受け入れがたい問題です。まずは、いじめの被害を受けた子どもが、一日も早く安心して楽しい学校生活を送れるよう、いじめの問題と真摯に向き合い、迅速に対応していくことが大切です。

　わが子がいじめの被害者になったことを聞いた保護者は、不安な気持ちが高まり、教師のちょっとした言動に対しても敏感になりがちです。教師には保護者のそのような心情を理解し、疑問や不信感をもたれないような対応が求められます。

よくない対応・しがちな対応

被害者となった子どもにも非があるような発言をしてしまう

「アキコさんはひと言多いところがありますからね。そういう点で周囲の反感を買ってしまったようです」

「うちの子は被害者なのよ。悪いのは加害者側でしょう。先生はいったい何を考えているのかしら」

　どの子どもにも公平に接しようという意識が強い教師は、被害者となった子どもにも課題があると伝えようとしがちです。

保護者の気持ちと反応

十分な配慮をしてくれないと感じる

　つらい思いをしているのはいじめの被害を受けたわが子なのに、なぜ教師から注意されなければならないのかと、教師に対する不信感やいら立ちが募ります。

教師や学校の対応を強く非難する

　教師や学校の対応に不満を感じ、強く非難します。また、今後、教師や学校と連携していこうという気持ちもなくしてしまいます。

 こうしよう

①いじめの経緯と現在の子どもの状態を説明する

 以上のような経緯で、アキコさんが同じグループの友だち2人から無視をされてしまうといったトラブルが起こりました。先日、アキコさんは友だちから謝罪を受けましたが、アキコさんはまだショックを受けていて、2人とは関わりたくないと言っています。アキコさんの気持ちを考えれば、当然だと思います

　いじめた子、いじめられた子、双方から個別に話を聞き、事実を十分に確認した後、状況をできる限り詳しく保護者に伝えます。その際、事実を淡々と説明するのではなく、被害を受けた子どもの心情に触れながら説明します。

②いじめを防げなかったことを学級担任として謝罪する

 アキコさんにとてもつらい思いをさせてしまい、学級担任として大変申し訳なく思っております。心よりおわび申し上げます

　いじめを未然に防ぐことができず、子どもにつらい思いをさせてしまったことについて、誠意をこめて謝罪します。

③具体的な対応策を保護者と一緒に確認する

 アキコさんがこれから楽しく安全に学校生活を送れるよう、学校全体でサポートしたいと思っています。具体的には……

学校ではこのような対応を考えておりますが、お母さんからご要望はありますか？

　子どもの安全を確保するために学校全体で全力をつくすことを伝えます。ついで、保護者の要望を聞き取り、学級内でのグループ分けに配慮するなど、具体的な対応策を保護者と一緒に確認します。

▶▶ アドバイス

　いじめの解決には時間がかかる場合が多く、子どもや保護者への長期的な対応が求められます。保護者の不安に対してはかならずていねいに対応し、早い段階で保護者とのあいだに信頼関係を築くことが大切です。
　保護者と定期的に連絡を取り合いながら、学校や家庭での子どもの変化をこまめに確認し、問題が解決するまで継続的に対応していくことが必要です。

16 いじめ加害者となった子どもの保護者に連絡する

わが子がいじめの加害者になったことを知った保護者のほとんどはショックを受け、動揺します。教師の憶測から、加害者側の子どもや保護者を一方的に非難するような対応をしてしまうと、保護者の不安定な心理状況に追いうちをかけることにつながります。保護者との関係が悪化してしまうと、問題はさらに複雑化します。保護者の感情面に十分に配慮して、慎重に対応することが求められます。

よくない対応・しがちな対応

加害者となった子どもや保護者を責めてしまう

ヒロシくんがトモオくんの靴を隠すというトラブルがありました。ヒロシくんには、靴を隠すことはいけないことだ、靴を隠されたトモオくんの気持ちをよく考えなさいと指導しました。ご家庭でもヒロシくんへの指導をお願いします

ヒロシに限ってそんなことをするはずがないわ。それに、先生は私の育て方が悪いとでも言いたいのかしら

子どもを指導しようという意識が強い教師は、子どもや保護者の気持ちに配慮せず、自身の推測や感想を含んだ指導的な発言をしてしまいがちです。

保護者の気持ちと反応

追いつめられ心に余裕がなくなる

わが子がいじめの加害者となったことを聞いてショックを受けているところに、子どもや自分を叱責するようなことを言われるため、追いつめられ、心に余裕がなくなってしまいます。

話を冷静に聞くことができず教師に対して反発的になる

感情が高ぶり、教師の話を落ち着いて聞くことができなくなります。また、教師の対応に対して反発的になり、話し合いが一向に進まなくなります。

 こうしよう

①子どもから個別に話を聞き事実を正確に確認する

- トモオくんと何かトラブルがあったのかな。よかったら先生に話してくれる？
- トモオくんに算数の問題を解けないことを馬鹿にされた
- なるほど。算数の問題を解けないことをトモオくんに馬鹿にされたと感じたんだね。具体的にどんなことをされたのかな？
- 「お前そんな問題も解けないのかよ」と言われたんだ

　加害側の子どもに対しては、叱責するような雰囲気をつくらず、事実を確認することに重点を置いて対応します。そのような行為をした理由や状況をていねいに聞きます。

②事実を保護者に説明し保護者の考えをていねいに聞き取る

- 今回起こったトラブルの詳細についてご説明いたします
- 今回の件では、お母さまも突然のことで大変驚かれたことと思います。何か疑問や不安に感じることなどはございますか？

　教師の推測や感想を含めず、事実をくわしくていねいに説明します。その後、保護者の感情を受け止めながら、話をじっくり聞きます。

③子どもを心配していることを伝え今後の対応について一緒に考える

- 今回の件で、ヒロシくんは気持ちが不安定になっていると思います。私も心配しています
- ヒロシくんが楽しく学校生活を送れるようにするために、学校やご家庭でどのような工夫ができるか、一緒に考えていただけますか？
- わかりました
- ヒロシのことを大切に考えてくれているのね

　教師が子どもを心配していることや、今後の成長に期待していることを伝えます。その後、保護者と一緒に、学校や家庭での対応を考え、確認します。

> ▶▶ アドバイス
>
> 　わが子がいじめの加害者となったことを知った保護者は、それだけで大変なショックを受け、事実を直視することができずに防衛的な言動をとってしまうことがあります。保護者の立場に立って、感情面や心理面に配慮した対応をおこない、子どもの今後について教師が一緒に考えるという姿勢を示すことが大切です。

17 子どもの**違法行為**を**報告**する

　喫煙や万引き、落書き、器物破損などの違法行為を子どもが犯したり、それに巻き込まれたりする事例はめずらしくありません。教師がその行為の原因を追及したり、不道徳性を説明したりするだけでは、保護者の教師に対する不信感は増してしまいます。教師は、違法行為は許されないという立場に立ちつつも、子どものよりよい成長を保護者と一緒に考えていきたいという思いが伝わるように、保護者と冷静に話し合いを進めることが大切です。

よくない対応・しがちな対応

漠然とした抽象的な説明になってしまう

今回ユウヤくんが、公園で落書きをしたという情報が入っています。しっかり反省できるように、対応していきましょう

いつの話かしら。最近公園へは遊びに行っていないはずだけど、どこの公園？　どんな落書きをしたのかしら。そもそもどこからの情報なの？

　子どもが落書きをしたという連絡を保護者にしたものの、直接子どもに確認し、詳細な状況を把握していないために、漠然とした報告になってしまう。

保護者の気持ちと反応

報告の内容を疑い教師や学校に対する不信感が高まる

　ほんとうにわが子が関わったのか疑います。違法行為の報告だけで、今後に向けた具体的な指導、連携の提案がないため、保護者は自分が責められているように感じます。学校や担任教師を信頼して話し合いを進めようという気持ちになれず、不信感が高まります。

子どもをかばい学校や友だちに原因を求める

　「巻き込まれただけなのでは」「学校や友人関係などに原因があるのでは」などという思いが強まります。子どもの非を受け入れられないだけでなく、原因をほかに求めることで、問題の解決に向かわず、教師と保護者の関係が悪化していきます。

①事実と理由を正確に確認し伝える

先週の日曜日のお昼過ぎに、ユウヤくんが公園のベンチにマジックで友だちの名前とバカ、うざいなどの言葉を書いたようです。実際に公園に行って確認したところ、その落書きがありました

本人に聞くと、たしかに落書きしたとのことでした。落書きした理由は……

　できごとについて、いつ、どこで、どのような行為をしたか、なぜそのような行為に至ったのか、事実や理由を正確に伝えるようにします。さらに、指導したときのようすや、現在のようすなどを記録し、それを保護者に正確に説明します。

②学校と家庭の連携を確認し保護者の気持ちに寄り添う

本人の気持ちはよくわかりました。しかし、今後は「落書きしてはいけない」ということを、学校でもご家庭でも同じように伝え、よい反省の機会としましょう

それにしても驚かれたでしょう。最近のお子さんのようすで、何か気になったことはありませんでしたか？

　教師は、子どもの事情や気持ちは受け入れつつも、行為そのものは許されないという立場を大切にします。学校と家庭の連携を確認するとともに、保護者の気持ちに寄り添って話を聞きます。

③今後の支援の仕方について話し合う

友だちに対して嫌な思いがあったとしても、落書きではない、ほかの方法で解決できるように考えて、話をしていきましょう

　同じ問題を起こさないために、これからの支援の仕方を保護者と一緒に考えます。「自分の思いを適切に伝える」「困ったらだれかに相談する」など、子どもの成長を促すための具体的な方針を相談します。

▶▶ アドバイス

　事実を正確に確認・把握することがもっとも大切です。本人から話を聞くことはもちろん、ほかの教師や、周りにいた子どもたちなどからも話を聞き取ります。そのうえで、客観的な把握に努めていると伝えることで、保護者は安心して話し合いを進められます。

　保護者との話し合いでは、教師はもっとも身近な支援者であるというメッセージを伝え続けることが大切なポイントです。

18　子どもの服装の乱れを報告する

　服装の乱れは子どもの問題行動を示すシグナルの1つです。服装の乱れが問題行動の第一歩となることはよく知られています。しかし、服装の乱れと問題行動はまったくのイコールではありません。

　子どもの服装の乱れを保護者に報告するときは、教師は心配しているということが伝わるように話を進めることが必要です。「子どもの非を追及する」形にならないように注意します。

❗ よくない対応・しがちな対応

子どもの悪い点を次々と指摘してしまう

> アオイさんの最近の服装の乱れは問題です。上履きはかかとをつぶし、ネックレスなど学校で禁止されているものを身につけていることもあります。いくら注意しても効き目がありません。それだけではありません……

> ご家庭でもしっかり気をつけていただかないと困ります

> 何？　この先生。うちの子の服装がちょっと個性的だからって、何でここまで言われなきゃいけないのよ！　私の子育てが悪いとでも言いたいのかしら

　子どもの服装の問題に端を発して、日頃の悪い点をつぎつぎと指摘してしまいがちです。

💬 保護者の気持ちと反応

子どもだけでなく保護者自身も否定されたと感じてしまう

　子どもだけでなく、自分の子育てまでも否定されたと感じ、徐々に不快感が高まってきて、肝心の子どもの問題を冷静に考えることができなくなります。

子どもをかばい教師の指導に批判的になる

　子どもの服装や行動に対する言い訳が多くなります。さらに自分の子どもがそうなったのは教師の指導が悪いからだと、教師を批判することもあり、前向きな話し合いができなくなります。

①子どものようすを客観的に説明し家庭でのようすを尋ねる

> アオイさんは、最近、上履きのかかとをつぶして履いていたり、指輪やネックレスをしたりしています

> ご家庭でのアオイさんのようすはいかがですか？

> たしかに、最近、娘の服装を注意することが多くなりました

とくに気になる点について具体的に1、2点取り上げます。

②心配していることを伝え服装の乱れの原因を尋ねる

> おしゃれに興味をもちはじめる年齢ですが、学習に身が入らなくなったり、最悪の場合、犯罪に巻き込まれたりする危険があり、その点をとても心配しています

> 服装の変化について、何かきっかけのようなことはありましたでしょうか？

> そうですね……

教師の側のマイナス感情を保護者にぶつけるのではなく、子どもの先行きを心配していることを伝えます。

③教師の対応策を先に伝え家庭での配慮を引き出す

> アオイさんが勉強やいろいろな友だちとの活動に集中できるように、アオイさんのよい点を積極的に認めていきたいと思っています

> そのうえで、ご家庭でもアオイさんのよいところをほめていただけないでしょうか？

> わかりました

教師の心配を保護者に共有してもらい、子どものために、学校と家庭が協力して対応することを確認します。

▶▶ アドバイス

保護者にも子どもの小さな変化に注意してもらい、学校と連携して子どもをよりよい方向に育てていくことを確認することがもっとも大切です。

19 子どもの**生活態度**の乱れを**報告**する

授業態度が悪い、提出物を出さない、時間を守れないなど、生活態度の乱れが気になる子どもがいます。その背景には、自己肯定感が低い、授業についていけない、正しい生活習慣が身についていないなどの問題が隠れていることがあります。

裏に隠れている問題を見すえ、その解決に向けて教師と保護者が一緒になって取り組んでいくという姿勢を見せることが大切です。子どもの悪い面を並べて、家庭での指導を一方的に要請する形にならないようにくれぐれも注意します。

 よくない対応・しがちな対応

子どものようすを一方的に伝えて家庭での指導を依頼する

最近、カズヤくんの授業態度にやる気が見られません。宿題やノートなどの提出物もほとんど出しませんし、給食時の立ち歩きも目立ちます。ご家庭での注意をお願いします

私がよく見ていないっていうことが言いたいのかしら。授業態度や給食時の立ち歩きは、先生が甘すぎるからじゃないの？

子ども自身や家庭環境だけに原因があると考えていると、教師は子どもの悪い点を一方的に説明し、それが家庭での指導不足に原因があるように発言しがちです。

 保護者の気持ちと反応

わが子が嫌われているように感じる

わが子が教師から嫌われていると感じ、徐々に不信感をもつようになります。そして、子どもの問題を素直に受け止められなくなってしまいます。

教師の授業力や指導力不足に原因があると感じる

子どもの問題の原因は自分にあると一方的に言われているように感じ、教師の説明を素直に聞くことができなくなります。さらに、教師の授業や指導に原因があると考え、その力量に疑問をもつようになります。

こうしよう

①事実を客観的に報告し家庭でのようすを聞き取る

> カズヤくんですが、最近、授業のノートを取らずに絵を描いたり、提出物を出さなかったりすることが続いています。ご家庭で何か変わったことはありませんか

> そうですか。最近ゲームばかりして、なかなかやめられないようです

実際に起こっている事実をいくつかに絞って伝え、家庭でのようすを聞き取ります。

②子ども自身が困っているという視点で話す

> 授業の内容がよく理解できていなかったり、宿題のやり方がわからなかったりするのかもしれません

> たしかに、宿題がよくわからないということが増えています

「授業中に立ち歩き、授業に集中できないので、学習がわからなくなっているのではないか」「宿題などの提出物が出ておらず、やり方がわからないのではないか」など、困っているのは子ども自身であるという視点で話をし、心配していることを伝えます。

③後の指導方針を展望し家庭での配慮を引き出す

> いま、できているところをまずほめていきましょう。すべてを完璧にするのではなく、わかるところを増やしていくつもりで声をかけていきましょう

> そうですね。できているところに注目して声をかけてみます

「授業中、カズヤくんができていることに声をかけるようにします」「宿題を学校で１、２問一緒に解いてから帰すようにします」など、教師ができることを提示し、「ご家庭でも一緒に取り組んでもらえるとありがたいです」と保護者の協力を促します。

▶▶ アドバイス

生活態度が乱れる原因はたくさんあります。子ども自身、家庭、周りの友人関係、教師の指導や関わり方など、多くの問題が複雑に絡み合っていることが少なくありません。原因の追及だけで話し合いを終わらせることなく、具体的な対応策を提示し、優先順位をつけて、「まずはこれから一緒にやっていきましょう」と明確に示すことができると、有意義な話し合いになっていきます。

20 子どもの成績低下を報告する

　成績の低下は、学習意欲が低下していること、あるいは学習の理解につまずいていることの結果であり、子どもが発しているSOSでもあります。
　問題を保護者と共有し、具体的な対策を考えるために、保護者に成績の低下を報告します。子どもの能力や保護者の指導にその原因を求めることのないようにし、どのような取り組みが望ましいのかを考え、子どもも保護者も自信をもって、学習へ取り組むことができるように促していくことが大切です。

よくない対応・しがちな対応

子どもの苦手な部分のみを取り上げて話をする

> 最近、カナさんの成績が下がっています。ノートをうまくとることができませんし、算数では、割合の問題がなかなか理解できないようです。国語では音読が苦手のようですし、漢字の書き間違いも目立ちます。ご家庭では宿題などをきちんと見てくださっていますか？

> うちの子ってそんなに勉強できないのかしら……

　教師が、子どもの成績低下の原因をその生活態度や家庭の問題に求め、どのように支援していくか方針が見えていないと、子どもの成績低下を一方的に説明することに終始しがちです。

保護者の気持ちと反応

教師は子どものよいところを見てくれていないと感じる

　教師に子どもの苦手な部分だけを指摘されると、教師はわが子をわかってくれていないと感じ、子どもの問題に冷静に向き合えなくなります。

教師にも責任があるのではと疑う

　子どもの成績低下の原因が、教師の教え方や熱意の不足にもあるのではないかという思いになり、教師と前向きな話し合いができなくなってしまいます。

 こうしよう

①苦手な部分とできている部分の両面を具体的に伝える

最近、カナさんの学習のようすが気になっています。話し合い活動等ではとても積極的にがんばっていますが、算数の時間になると困っているようです。ご家庭ではどうですか？

そういえば、算数がよくわからないと言っていました

　保護者に連絡する前に、子どもがどのようなところでつまずいているのかを聞き取り、それを保護者に具体的に説明します。その際、できている部分や得意な部分も同時に伝えると、保護者は、教師が子どものことをよく理解してくれていると感じます。

②具体的な取り組みを提案し家庭でのサポートをお願いする

算数で割合の学習をしているのですが、小数のかけ算に苦しんでいるようです。家庭での自主学習で小数のかけ算に取り組むように伝えています。一緒にやってみてもらえませんか？

わかりました。一緒にやってみます

　成績の低下を報告するだけでなく、子どもの困り感を改善するために取り組ませている内容を具体的に伝え、家庭でもサポートしてもらうようにお願いします。

③継続的に取り組み学校でのがんばりを定期的に伝える

いま学習中の単元はわかるそうです。自主学習もがんばっていますね。このまま続けていきましょう

たしかに計算には時間がかかるようですが、少しずつやっています

　保護者と話し合って決めたことは継続的に取り組み、子どものがんばりを定期的に報告します。保護者は、教師が親身に子どもに関わっていると感じます。すぐに成果が出なくても、継続することが大切であることを伝えます。

▶▶ アドバイス

　保護者が安心し、自信をもって子どもの学習をサポートできることが大切です。子どもにはよい面がたくさんあること、だれにでも苦手なことがあることを伝えたうえで、保護者と教師が一緒になって具体的な対策を練ることで、前向きに話し合いが進んでいきます。子どものよい面を伝えるときは、具体的なエピソードを取り上げながら説明すると、保護者は教師からの連絡を肯定的に受け止めやすくなります。

21 特別支援が必要な子どもへの対応を報告する

　発達障害の可能性が考えられる子どもが学級にいる場合、まずは、保護者に子どもの困り感を報告し、協力を求めます。しかし、自分の子どもに障害があるかもしれないと知らされるのは、精神的にとてもつらいことです。ときに、教師に怒りをぶつけてきたり、極端に落ち込んだりします。

　教師自身が感情的にならないようにしながら、保護者と信頼関係を築き、子どもへの支援のあり方を話し合います。

 よくない対応・しがちな対応

子どもの状況を一方的に説明してしまう

> ヒロシくんは授業中に立ち歩いたり、友だちにきつくあたったり、学級ではトラブル続きです。ほかにも……。おそらく障害があるのではないでしょうか？

> 先生は、うちの子が邪魔者と思っているのね。先生の対応にも問題があるんじゃないかしら。障害？　そんなまさか……

　問題行動に対する具体的な対応の見通しを持てておらず、学級の子どもたちや教師が困っているという立場でしか考えていないため、問題行動の原因を子どもの特性や子どもの持つ障害のせいにしがちです。

 保護者の気持ちと反応

子どもの現状と障害を受け入れられない

　精神的な打撃から、「そんなはずはない」と否認の感情が起こります。教師にマイナスのレッテルを貼られたように感じて強い拒否感を抱き、話し合いを継続することが困難になります。

教師を批判したり避けたりする

　教師の対応を非難するなどの攻撃的な行動をとったり、教師との関わりを避けたり遮断したりするなど、逃避的な行動をすることで、自分を必死に守ろうとします。

①学校でのようすを伝え家庭でのようすを聞く

学校では、最近友だちにきつくあたったり、授業中に落ち着かず立ち歩いたりするようすが増えているのですが、お家で、気になることはありませんか？

自分が気に入らないと大声を出すことがあり、心配しているんです

　保護者の困り感を聞き取り、その思いを共感的に聞くことで、保護者との信頼関係を築くように心がけます。そのうえで、子どもにとって、どのような関わり方がよいか、学校と保護者が連携して構築するという姿勢で話し合いを進めます。

②保護者の気持ちを受け入れる

うちの子が悪いということですか？

いいえ、ヒロシくんが悪いわけではありません、でも、うまくいっていないとお聞きになれば、とても心配でしょう

　保護者が感情的になってしまった場合は、「不安な気持ちをそのような言い方で表しているのだ」と言い聞かせ、教師までつられて感情的にならないようにします。「〜ということが心配なのですね」と保護者の思いを言葉にしながら最後まで受けとめます。

③定期的に面接し学校でのようすを伝える

友だちと仲よく遊べたときには、声をかけてほめるようにしています。すると友だちとのトラブルも減ってきたように感じます

そうですか。これからもようすを教えてください

　保護者と定期的に面談し、教師が子どもへの対応を親身に考えて実践していることを保護者が感じられるようにします。そして、時間をかけ、対応策について共通理解を築いていくことが大切です。

▶▶ アドバイス

　障害の有無ではなく、どのような対応をしていくかということを話し合います。話し合いを重ねるなかで、教師が親身になっていると保護者が感じたとき、障害について保護者の側から提起される場合が少なくありません。より専門的な機関との連携という提案も、保護者から提案されるのが理想です。

Sample2 保護者を説得する効果的な報告書

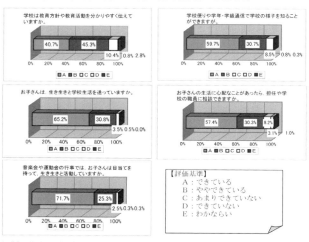

▶▶ アドバイス

　結果は、グラフや図表を用いてわかりやすく示したうえで、成果を中心に報告します。今後維持すべき点や改善すべき点、保護者への協力依頼などをていねい語で伝えます。情報量が多過ぎると読んでもらえません。報告書では内容を絞り、詳細は　学校のホームページなどに掲載して周知します。

第3章

保護者からの相談に対応する

　保護者からの相談は、信頼形成のきっかけになりますので、ていねいに対応したいものです。
　とくに、低学年の保護者はわからないことが多く、小さなことまで相談してくるものです。余裕をもってていねいに対応するために、事前に相談できる曜日や時間を、学級通信や保護者会のときに、広報しておくとよいでしょう。

22　1年生の保護者から不安を訴えられたとき

　入学当初は、保護者同士も新しい環境に置かれるため、連携をとるのはなかなかむずかしいものです。最近はひとりっ子の家庭も多く、情報が少ない保護者にとっては、学校からの配布物を受け取っても、具体的なイメージを持てずに不安になりがちです。そのため、担任教師は、保護者からさまざまな相談を受けることが少なくありません。

　いつでも相談に応じるという姿勢で、保護者が抱える不安を軽減していくことが必要です。また、保護者の主訴を的確に捉え、問題の根が深そうな場合は即答せず、学校としての方針を確認してから回答する慎重な対応も必要です。

　よくない対応・しがちな対応

よくある相談だと判断し軽く返答する

> アキヒコはお友だちとうまくいっているでしょうか。家で何か元気がないような気がして。何も学校のことをしゃべらないので、心配です

> そのうち慣れると思います。学校でもようすを見ます。大丈夫ですよ

　入学当初にはよくある事例であり、時間とともに解決する場合が多いため、教師は楽観的に答えがちです。

　保護者の気持ちと反応

くわしく聞き取ってもらえず不安が高まる

　子どもの家庭でのようすや態度を詳しく聞いてもらえないため、教師に対する不満や不安感が高まっていきます。

具体的な指導方針が示されないことに不誠実さを感じる

　勇気を出して担任に直接相談したのに、あまりにも楽観的な対応をされたことに、不誠実さを感じます。

①５Ｗ１Ｈで聞き取り保護者の主訴を確認する

アキヒコくんは、入学前と変わったようすはありますか？　ごはんは食べられますか？　いま、いちばん気になっていることはどんなことですか？

　いつから、なぜ、そう感じたのか、子どもはどんなようすか、体調はどうかなど、保護者が相談の必要性を感じた理由を、５Ｗ１Ｈで親身になってしっかり聞き取ります。保護者がいちばん心配なことや望んでいることを確認し、整理していきます。

②問題を整理し具体的な対応を確認する

アキヒコくんは、学校では、友だちと仲よさそうに過ごしていますが、もしかすると私が見落としているところがあるかもしれません。気をつけて観察し、ご連絡を差し上げたいと思いますがよろしいでしょうか？

　①で確認したことをもとに、保護者の問題意識を短い文でまとめるように共感的に確認し、いつ、どんな対応をするか、あるいは、いつまでに対応策を考えて返答するかを話し合います。

③問題が複雑な場合には即答せず確認してから回答する

集団登校のとき、アキヒコは仲間外れにされているらしいんです

承知しました。早速、上司と相談いたしますので、少々お時間をください

　ほかの児童が関わっている場合、地域が関わっている場合、学校の経営方針に関わる場合などは即答を避け、上司と相談して回答することを約束します。

▶▶アドバイス

　相談内容の深刻さを、教師が判断すべきではありません。まずは、来談に感謝し、謙虚に誠実に傾聴することが大切です。
　教師の発言は保護者にとって大変重いものです。わからないこと、不確実なことは即答せず、慎重に対応しなければなりません。たとえ担任する学級の問題であっても、組織的な対応が求められます。保護者から受けた相談内容は、すべて上司に報告することを基本とします。そのうえで、発言したことは確実に実行し、保護者の信頼を得ていきます。

23 保護者間のトラブルで訴えが食い違うとき

　子ども同士のトラブルをきっかけに、保護者同士のトラブルに発展することは少なくありません。わが子を大切に思うからこそ、保護者はわが子が話した情報を信じ、悪いのは相手の子どもであると考えがちです。
　実際は、どちらが悪いというように簡単に整理できるものではないことが多く、教師が善し悪しを判断する審判の役割をしてしまうと、双方の保護者から不信感を抱かれることになりかねません。教師は、双方の気持ちを十分に理解したうえで、納得できる折り合い点を見つける手助けをするという姿勢で臨みます。

よくない対応・しがちな対応

相手の保護者をかばうような発言をしてしまう

「うちの子が先に遊んでいたボールを、マサシくんが勝手に持っていったんです」

「じゃあ、うちの子が悪いっていうんですか!?」

「そうですか。でもマサシくんは、仲間に入れてもらえなくてボールを取ってしまったようなんです」

　誤解や情報不足が原因で関係がさらに悪化しないようにするため、教師は食い違いを正そうとして、結果的に相手をかばうような発言をしてしまいがちです。

保護者の気持ちと反応

トラブルの原因がわが子にあると指摘されたように感じる

　教師が客観的な根拠を示して説明しても、自分よりも、相手側の言い分を信じるのだと感じます。感情的に納得することができず、相手側だけでなく、教師に対する不信感まで高まってしまいます。

教師の対応に否定的・批判的になる

　「教師は子どもに対して平等には対応しない」という色眼鏡で教育実践を評価するようになります。教師の言動を常にネガティブに解釈してしまい、批判をするようになります。

①双方の感情を十分に受け止め冷静さを取り戻させる

「なるほど。お母さんはそのように受け取られたのですね」

「それは腹立たしく思われたことでしょう」

「ええ。ほんとに（少し落ち着く）」

　どちらの訴えが正しいのか、間違っているのかの白黒をつけようとせず、まずは、双方の保護者の言い分を十分受け止めることで、高ぶった感情を落ち着け、冷静さを取り戻してもらうようにします。

②今後の行動について話し合う

「（事実を話した後）学校では、2人とも楽しく休み時間を過ごせるように支えていきたいと思います。それぞれのご家庭でもサポートをお願いしたいと考えています」

「わかりました。マサシくんの気持ちについて、シンジと考えようと思います」

「納得できないときは、まずは言葉で気持ちを伝えることを教えていきたいと思います」

　教師は事実だけを憶測を交えずに話したうえで、子どもたちをどのように指導・支援するのか、保護者にはどのような対応をお願いしたいのかを確認します。

③保護者同士の今後の関わり方を具体的に確認する

「お2人には、今後ともぜひご協力いただきたいと思っています。いかがですか？」

「子どものことでまた何か気になることがあれば、こじれる前に確認し合えるといいかもしれません」

　些細なトラブルであっても、一度もめ事に発展してしまうと、お互いに気まずさや不信感を拭い去ることはむずかしいものです。そのような感情をできるだけ残さず、学級に関わってもらえるように、対応策を一緒に考えます。

▶▶ アドバイス

　保護者同士の問題は、双方の話し合いで解決してほしい、あまり深入りしたくないと感じるかもしれません。しかし、人間関係の希薄化が指摘されている昨今、学級の保護者同士のつながりも例外ではなく、お互いの状況が見えず、保護者自身もどうしてよいかわからないということがあります。学校で起きた問題だからこそ、教師に助けを求めてきたのだと考えて、ていねいな対応をすることで、保護者との信頼関係を深めるきっかけにつながります。

24 子どもがいじめられていると**相談**を**受**けたとき

　保護者は自分の子どもからいじめにあっていると打ち明けられると、とても動揺します。その根底には、子どもの精神的なダメージへの心配と不安、そして、教師の指導力に対する不信感があります。

　まず、保護者の心配や不安を軽減し、教師への信頼を回復させることが必要です。最初の段階できちんと時間をかけてていねいに対応をしないと、保護者の不安と不信感は、教師だけでなく、学校全体への強い非難につながってしまいます。

 よくない対応・しがちな対応

保護者の切迫感に添った対応ができない

> 先生！　昨晩、息子のタカヒロが顔にアザをつくって帰ってきたので、理由を問いつめたところ、どうやら、息子は学校でいじめられているようなんです
>
> よろしくお願いします……
>
> 先生はこちらの不安を理解してくれているのかしら

> 承知しました。しかし、実態をきちんと確認しないことにはたしかなお答えができかねますので、当事者から話を聞いてみて、また報告させていただきます

　教師は慎重になるあまり、状況把握の必要性ばかりを強調し、保護者の切迫感への対応をおろそかにしがちです。

 保護者の気持ちと反応

教師への不信感が高まる

　教師が十分に対応してくれないのは、教師が保護者の不安を理解していないからか、子どもへのいじめの事実を隠しているからだと感じ、教師に対する不信感が高まります。

教師や学校の説明や対応を疑い批判する

　教師の説明を疑うようになり、子どもはいじめの被害者に違いないと確信します。いじめの解決を教師や学校に任せておけないと感じ、どんな対応策にも批判的になります。

こうしよう

①まずは保護者の話を十分聞いて不安をやわらげる

「先生！ 昨晩、息子のタカヒロが顔にアザをつくって帰ってきたので、理由を問いつめたところ、どうやら、息子は学校でいじめられているようなんです」

「それは心配ですね。詳しくお話をお聞かせ願えますか？」

「はい。タカヒロは最初……」

「話を聞いてくださる先生でよかったわ」

保護者の話を途中で遮らずに、最後までよく聞きます。

②保護者の訴えを整理し、対応策を確認する

「それでは、お話を整理しますと、タカヒロくんの体には顔のほかにも複数のアザがあって、だれかに殴られたあとなのではないかとお疑いなのですね？」

「はい。その通りです」

「学校としてしっかり対処してまいりたいと思います。まずは、アザがどうしてできたのかを確認し、もし、いじめが原因であるならば、だれにいじめられているのかを調べたいと思います。よろしいでしょうか？」

「ありがとうございます。そのようにお願いします」

　保護者は動揺のため、話にまとまりがない場合があります。教師は話を聞きながら、事実と憶測を識別してメモし、保護者の訴えたいことを整理して確認します。

③実態を調査し、確実に対応することを伝える

「確実に対応するためにも、まずは実態をしっかり調査いたします。その後、この問題にどのように取り組んでいくか、学校とご家庭とで一緒に考え、連携していきましょう」

「はい。よろしくお願いいたします」

今後の対応を共有した後は、具体的に連絡し合う時間や方法を確認します。

▶▶ アドバイス

　いじめの問題の取り扱いには慎重さを要します。まずは保護者の不安や不信感を軽減させなければなりません。教師や学校が子どもを心配し、真剣に取り組もうとしていると保護者が感じられれば、保護者も冷静に話し合うことができ、問題解決の第一歩を踏み出すことができます。

25 行事前日に持ち物や服装について質問されたとき

　仕事を持つ保護者のなかには、余裕をもって行事の準備ができないため、前日に慌てて準備をする場合があります。事前に配布物などで連絡していても、保護者まで伝わっていないことも少なくありません。保護者の責任だと腹を立てていては、かえって保護者や子どもを不安にさせるばかりです。
　行事が翌日に迫っている場合、保護者が用意できることとできないことを確認し、できないことは学校でもサポートすることを伝え、安心して子どもを行事に参加させられるようにすることが大切です。

 よくない対応・しがちな対応

準備が遅くなったことを責めてしまう

明日の遠足の持ち物は何でしょうか？

すみません。はじめての子なので、わからないことが多いものですから……

前日になって、困りましたねえ。ずいぶん前にお便りで連絡していたのですが……。ご覧になりませんでしたか

　連絡事項が徹底されないと、教師は保護者に「もっと子どもに関わってもらわないと困る」という思いを強くし、保護者に対する言い方もきつくなってしまいがちです。

 保護者の気持ちと反応

担任に期待したが冷たい対応にとまどう

　前日になって質問することにうしろめたさ感じています。しかし、自分の非を責められたことで、その冷たい対応に戸惑い、教師に対する不信感を募らせます。

家庭の事情を理解してくれないもどかしさや怒りを感じる

　仕事などで、子どもとの時間を十分に取れないという家庭の状況を理解してくれない担任に、怒りさえ感じるようになります。

①行事の概要を説明し準備物について理解してもらう

> ご連絡ありがとうございます。遠足とその持ち物については、学級通信だけでなく、連絡帳などでもお知らせすべきでした

保護者が直前になって準備物の相談をしてくるのは、行事の概要をよくわかっていないためという場合が多くあります。目的や日程を具体的に説明し、準備物のイメージを持てるようにします。

②保護者が用意できないものは学校で用意する

> 急なことで恐れ入ります。明日までに準備できないものはありませんか。学校で準備できるものもあります。遠慮なくおっしゃってください

早急に用意できるものとできないものを保護者と確認します。保護者が用意できないものは学校で用意することを伝えます。教師が配慮できることは労を惜しまずにおこないます。

③子どもが困らない方法を提示する

> どうしても準備できないものについては、お友だちと一緒に使いましょう。お子さんに、そう伝えて安心させてください

保護者、教師とも、当日までにどうしても用意できないものがあるときは、代替案を具体的に提示し、保護者と子どもに納得してもらいます。

▶▶ アドバイス

準備物について、保護者が行事直前に質問する場合、その背景には、「子どもに嫌な思いをさせたくない」「じつは準備物以外に別の要求や批判がある」「家庭の経済状況が厳しい」などの理由が隠されていることがあるため、質問の背景にある理由を十分に理解します。

行事終了後、面談などの機会を利用して家庭状況を確認し、つぎの行事の際には、保護者の立場に立って対応できるようにします。

学校行事の多くは、子どもにとってとても楽しみなものです。よい思い出にするためにも、準備が十分にできない家庭があることを想定し、学校でも用意しておくことが必要です。

26 席替えをしてほしいと言われたとき

　保護者は、子どもから聞いた学校への不満を教師にそのままぶつけることがあります。この背景にはわが子の安全な環境を整えるためならば、どんなことでも要求するという昨今の流れがあります。

　保護者の話を最後まで聞いた後、要求に応じることができない場合は、そのことを、理由を挙げつつ説明します。理由は、社会通念上合理的であることが大切です。

 よくない対応・しがちな対応

要望に応えることはできないと即答する

トウマがとなりのヨウジくんのことが嫌いだと言っているので、席替えをしてもらえませんか？

席替えは担任の仕事ですので、私の方針でおこなっています。申し訳ないのですが、ご要望にはお応えできません

　教師は多忙なため、仕事がこれ以上増えることはなるべく避けたいと考えがちです。とくに、非合理的な要求への対応は時間の浪費であり、要求に応じればさらにエスカレートしてトラブルを誘発すると警戒し、即座に拒絶してしまいがちです。

 保護者の気持ちと反応

十分話を聞かずに断ると担任教師への不満が残る

　十分に話を聞かずにすぐ断るとは非常識だ、と感じます。聞く耳を持たない教師というイメージが焼きつき、教師への不満が残ります。

担任教師を飛び越え管理職や教育委員会に直接要求を出す

　担任教師は信頼できないと判断し、学校長や教育委員会などに直接連絡して、自分の主張を通そうとします。

 こうしよう

①保護者の話を十分聞き要求の内容を確かめる

 （「何でこのような要求をするのだ」という気持ちを抑えて）お母さんのおっしゃりたいことは、トウマくんはとなりの席のヨウジくんが苦手なので、ヨウジくんの席を替えてほしいということだと受け取りましたが、そういうことでしょうか？

　理不尽な要求だと感じても、表情や声色には出さず、相づちを打ちながら保護者の話を十分に聞き、要求の内容を確かめます。

②要望に応えることができない理由を説明する

 ご要望を受け入れてしまうと、トウマくんが特別視され、ひいきされているなどといったうわさが生じかねません。それについては、どのようにお考えですか？

　「席替えは子どもとの約束であり、教師の都合で一方的に変更することは、約束を破ってもよいということを教えることになる」「変更を認めれば、ほかの子どもも同じ要求をすることが予想され、学級運営が滞ってしまう」など、安易な席替えはできない理由を冷静に伝えます。

③教師としてできることを提案する

 ルールとふれあいのある学級づくりをするなかで、互いのよさを見つけ、どの子どもとも関わることができるようにしていきたいと考えています

学校でのようすについて学級通信や懇談会でお伝えしていきますので、ご家庭でお気づきの点がありましたらご連絡いただけると幸いです

　合理的な理由があるからといって、要望に応えられないことを一方的に説明しても、それだけでは保護者の心配や不満は消えません。教師として対応可能な別の方法を保護者と一緒に考え、提案することで、保護者の納得を引き出します。

▶▶アドバイス

　受け入れることのできない要求に対応するには、事前の準備が欠かせません。なぜ受け入れられないのかについて、合理的な理由を考えておくことが大切です。
　保護者の要求に応えてしまうと、①子どもたちに悪いメッセージを送ってしまうこと、②本人にとってもよくない結果をもたらすことを説明しながら説得します。また、教師として、別の対応策を提案することで、保護者を説得することも重要です。

27 前担任と同じ宿題量にしてほしいと言われたとき

　年度初めは、まだ人間関係が構築されていません。とくに、指導力があり、子どもたちからも慕われていた前担任から若手教師に変わった場合は、保護者は新担任の考え方や指導方針がわからず心配が大きくなりがちです。
　①保護者の要望を最後まで聞く、②どのような対応を望んでいるか質問する、③担任としての方針と行動を具体的に示すことで、保護者の不安を解消することが大切です。

 よくない対応・しがちな対応

前担任との比較を拒み自分の指導方針は変えないと伝える

> 先生、前の担任の先生はもっと宿題を出したんです。ですから、同じようにお願いします

> そう言われましても、前担任は前担任、私には私の指導方針がありますので、それには応じることはできません

　新担任は、新年度になって自分らしい学級経営をしたいと考えるために、前担任の指導の仕方を踏まえて指導するよりも、自分の方針で経営しがちです。前担任のやり方を踏襲してほしいとの声が保護者から上がった場合、それを自分の学級経営への批判と捉えて感情的になり、ときにはそれと反する行動をとることがあります。

 保護者の気持ちと反応

アドバイスのつもりが拒否され不満や不信感が生じる

　ほかの保護者の気持ちも代弁してアドバイスしたつもりなのに、一方的に話を打ち切られたと感じ、教師への不満や不信感を強め、教師と協力しようという気持ちが薄れてしまいます。

担任に対して非協力的・批判的な態度をとる

　要望が拒否されたことを仲のよい保護者に伝えます。その結果、新担任のネガティブな印象が広まります。さらに、ほかの保護者とも結託して、宿題以外のことでも要求を出すようになります。

 こうしよう

①保護者の要望を最後まで聞いて受け止める

> なるほど、お話を聞いて次のように受け止めました。前の先生のときより宿題の量が少なくなって、お子さんが勉強しなくなってきた。そして、ほかの保護者の方もそう話している、ということでよろしいですか？

　保護者の要望を相づちを打ちながら最後まで聞いて受け止めます。ところどころで、要望をまとめてくり返し、相手が話しやすい雰囲気づくりをします。教師自身が前担任と比較されていることに抵抗を覚え、感情的にならないようにします。

②保護者が教師に期待する対応を確認する

> それでは、具体的に、何をどのくらい出してほしいとお考えですか？

　単に宿題を増やすという抽象的なやりとりではなく、何をどれくらい増やすのか、保護者に質問しながら、保護者が期待する分量を具体的に確かめていきます。

③担任としての指導方針を説明する

> ご要望はわかりました。私もムラカミさんと同じように子どもの力を伸ばしたいと考えております。私は宿題について〇〇〇〇と考えます。そこで、宿題の量は１日□□程度出したいと考えております

> 私のやり方でもしうまくいかないようであれば、また考えていきたいと思います。学習のようすについては、学級通信で月１回程度伝えていきます

　担任としての指導方針や保護者への報告の仕方をていねいに説明し、保護者に納得してもらうよう努めます。その際、子どもの学力向上という共通の目標を達成するために、保護者と協力していきたいということを確認し合います。

▶▶アドバイス

　教師は、ほかの教師との比較に敏感になりがちで、ときには感情的な反応をしてしまうことがあります。ポイントは２つあります。第１は、教師はだれでも比較されることを嫌がる傾向があることを理解し、比較されても感情的にならないようにすることです。第２は、あらかじめ、前担任と比較されることを予想し、先手を打って、宿題の量などについて学級通信で保護者に伝えておくことです。
　また、普段から学級経営の重点について自分なりの軸を持っていると、判断がぐらつかなくなります。

28 別の学習方法を導入してほしいと言われたとき

　近年、学習内容や教育方法について、こだわりを持つ保護者が増えており、保護者がよいと思う学習方法を授業に取り入れてほしいと言われることがあります。
　子どもたちの学力低下が問題となっていることが、こうした要望の背景にあります。しかし学校には、年度当初に決定した学校方針や学年の方針がありますから、保護者からの要求に応じて変更することはむずかしいのが現実です。保護者の要望は受け止めつつも、実現可能な範囲で対応することが求められています。

 よくない対応・しがちな対応

内容を吟味せずにその場で返答してしまう

これからは、英会話ぐらいできないといけないと思うんです。この教材、うちの子どもにやらせているんですが、すごくいいので学校でもぜひ使ってみてください

学校の年度計画がありますので、急におっしゃられてもむずかしいです

　教材や指導方針を途中で変更するということになれば、ほかの教師たちにも影響を及ぼしますので、教師はその場で解決しようとしがちです。

 保護者の気持ちと反応

親切心や善意を踏みにじられたと感じる

　よかれと思ってアドバイスをしたのに、その親切心や善意が踏みにじられたと感じます。教師が年下の場合、「指導力もないのに生意気」「謙虚さがない」など、さらにネガティブな印象をもちます。

些細なことにも敏感に反応し非難するようになる

　年度計画通りの取り組みが目に見える効果を生まなかった場合、教師の指導に対してより厳しい目で評価するようになります。些細な失敗でも教師の指導を非難するようになります。

①保護者の要望を受け止め検討すると伝える

> なるほど。たしかにわかりやすい内容のようですね。学年の年度計画もありますので、学年主任や学校長にも相談してみたいと思います

　保護者からの提案は謙虚な姿勢で受け止め、実現の可能性について、学校全体で十分に検討してから回答することを伝えます。

②保護者の要望と学校の方針の折り合い点を探る

> 保護者から、この教材を活用してみてはどうかとご提案いただきました

> たしかによい教材ですが、今年度はすでに違うものを用意していますし……

> 新たに教材費の負担をお願いするのは厳しいですね。指導案をつくるときの参考にさせてもらうというのはどうでしょう？

　現実的に対応可能なこととそうでないことを整理しつつ、子どもにとってプラスになることであれば、何らかの形で取り入れられないか検討します。

③感謝しつつ学校の指導方針や事情をていねいに伝える

> 先日はありがとうございました。学校で検討させていただいたのですが、残念ながら、年度計画や教材費などの事情があり、教材を直接授業に導入するのはむずかしそうです。よい教材ですので、指導の参考にさせていただきたいと考えています

> わかりました。何かありましたら連絡してください

　保護者に感謝の気持ちを示しながら、学校の指導方針や事情について説明します。

▶▶ アドバイス

　学習内容に関わる保護者からの情報提供や要望、アドバイスはありがたいものです。しかし、学校としての計画もありますから、ほかの教師とも情報を共有し、実現の可能性はあるのか、子どもたちのためになるのかを十分に吟味したうえで回答することが大切です。保護者は、わが子のすこやかな成長を願っています。教育方針の押しつけと感じたとしても、謙虚な姿勢と感謝の気持ちを大切にして保護者の思いを受け止めることが重要です。

29 子どもが登校をしぶっていると苦情を受けたとき

　子どもから「学校に行きたくない」と言われると、自分の対応の不十分さを突きつけられたように感じ、教師は動揺します。しかし、教師以上に動揺しているのは保護者です。「不登校になってしまう」「子育てが間違っていたのではないか」「世間から後ろ指をさされるのではないか」など、大きな不安を感じるからです。
　保護者は、学校や担任の指導に原因があると考えがちです。教師は感情的に反応しないよう、初期対応に十分留意する必要があります。

 よくない対応・しがちな対応

教師が冷静ではいられず保護者を追及してしまう

> タクミが学校に行きたくないと言っているんですが、学校で何かトラブルがあったんじゃないですか？　先生はちゃんと見てくれているんでしょうか……

> 私のしつけに問題があるとでもおっしゃるのですか?!

> 昨日も、学校では友だちと元気に遊んでいたので、そんなことはないと思いますが……。ご家庭で何か変わったことはありませんでしたか？

　自らの指導力や専門性を否定されたように感じるため、教師も感情的に巻き込まれ、原因はほかのことにもあるのではないかと考えがちです。

 保護者の気持ちと反応

子育てを否定されたと感じ教師や学校への不信感が高まる

　自分の子育てを否定されたように感じ、不安や心配がさらに高まります。不安や心配を受け止めてもらえないという思いから、教師や学校に対する不信感が高まります。

学校と協力・連携して解決しようという気持ちが薄れる

　学校でのできごとや担任の指導のあり方に原因を求め、より厳しい苦情や要求を突きつけるようになります。学校と協力して問題解決にあたろうという気持ちが薄れます。

①保護者の心配や不安を受け止め話をじっくり聞く

> 私も、タクミくんの気持ちを考えるととても心配です

　保護者からの苦情や原因追及に対して、反論したり、自分の正当性を主張したりせず、まずは、不安や心配を十分に受け止め、教師としても心配しているという気持ちを伝えます。

②苦情は「学校への期待」と受け止め対応を説明する

> タクミくんのようすをお知らせいただきありがとうございます。タクミくんの学校でのようすについて、きちんと把握して詳しい状況をお知らせしたいと考えています。少しお時間をいただきたいのですが、いかがでしょうか？

> よろしくお願いします

　保護者からの苦情は、学校への要望や期待であると考え、その期待をくみ取って、学校ができる対応を具体的に提案、説明し、保護者に意見を求めます。

③学校からの連絡方法を保護者に決めてもらう

> 学校からは、電話やお手紙でご連絡いたします。ご自宅にお伺いして説明することもできます。タクミくんがお休みのときは、お便りを届けることもできます

> どのようにご連絡を差し上げたらよろしいでしょうか？

> 仕事をしていますので、連絡は夕方にお電話かお手紙でお願いしたいです

　学校でできる対応について十分に伝えたら、保護者に「何を」「どのように」してほしいのか、期待する対応を決めてもらいます。

▶▶ アドバイス

　不登校は初期対応がとても重要です。登校しぶりの段階から、家庭と連携することが不可欠です。保護者との連絡方法や頻度、家庭訪問の希望などを確認します。
　場合によっては、スクールカウンセラーや専門機関の利用についても検討する必要があります。しかし、「わが子は普通ではないと思われている」など、保護者の誤解を招くことがありますので、専門家との連携については、学校から提案するよりは、保護者からの要望があったときに検討する形がよいでしょう。

30 子どもの**不登校**が**長期化**しているとき

　不登校になって間もない頃には、教師も家庭も何とか学校復帰を目指そうと対応を考えます。しかし、登校できない期間が長くなるほど、互いの連絡がおろそかになり、結果的に不登校が常態化してしまう場合も少なくありません。
　欠席日数が増えるにつれ、このままではいけないという思いは募りますが、どこから手を打てばよいのかわからなくなります。そんなときこそ、家庭との信頼関係を築き、学校と家庭、専門家がチームで対応していく必要があります。

 よくない対応・しがちな対応

状況を考えず焦って何とかしようと働きかけてしまう

- ミズキさん、その後いかがですか？　卒業式までには何とか復帰できて、みんなと一緒に卒業証書を受け取ってほしいんです
- お気持ちはうれしいですが、いまはまだ無理だと思います。最近は部屋にこもりっきりですし……。無理やり引きずっていくわけにもいきませんから……
- じゃあ、お時間のあるときにお母さんだけでも……
- 私だって何とかしたいけれど、どうにもならないんです

　教師は、現状を打開しなければという思いから、熱心に働きかければきっと何とかなると考えがちです。

 保護者の気持ちと反応

子どもと教師の板挟みになったように感じる

　教師の熱心さは伝わるものの、何度も登校を促しているのに登校できないでいる子どもに無理強いすることで、かえって子どもとの関係が悪化してしまうのではないかと考え、ますます追い詰められます。

学校からの連絡を避けるようになる

　自分の対応が不十分なのだと言われているように感じてしまい、教師の熱意を受け止めることがつらくなります。学校からの連絡に応じなくなったり、「いまは無理です」とくり返して、問題の解決から目を背けるようになってしまいます。

💗 こうしよう

①校内で支援会議を開き状況の背景を多面的に整理して考える

ミズキさんが学校に来られない理由をもう一度整理してみましょう

登校していた頃はよく相談室を利用していました。学習面で苦戦していて、お父さんに成績のことでいつも叱られると言っていました

不登校の背景には、子ども自身、学校生活、家庭など、さまざまな要因が複雑に絡み合っていることが多いため、そうした要因を学校全体で再度、多面的に確認します。

②保護者との信頼関係を構築する

今週は展覧会に出品する作品の制作をはじめました。ミズキさんは工作が得意でしたね。ご家庭でのようすはいかがですか？

なるほど。少しずつ好きなことができるようになっていますね

部屋にこもりがちですが、時折リビングで一緒に工作をしたりしています

週に1回程度、電話や手紙などで学校のできごとを報告しつつ、家庭でのようすを聞き取ります。あまり意気込まず、情報交換程度の短いやりとりを心がけます。

③保護者の思いや願いを聞き取る

クリスマス会をする計画を立てています。ミズキさんへの招待状を届けたいのですが、ご負担でしょうか？

わかります。どんな方法ならよいか、焦らず、一緒に考えていきましょう

ミズキも学校のことは気になるようです。でも、無理させるのも不安で……

保護者の不安な気持ちを受け止めます。そして、教師や学校は味方だと感じてもらえるように、無理のない範囲で連携の仕方を模索します。

▶▶ アドバイス

まずは保護者にプレッシャーを与えずに、信頼関係を築くことを第一目標とします。保護者の方から心配ごとや悩みごとを相談してくるようになれば、信頼関係ができたと言えるでしょう。その段階で保護者に来校を促すなど、焦らないことが大切です。地域の教育相談センターなどを活用して、保護者との関係づくりのパイプ役になってもらうことが有効な場合もあります。問題を1人で抱え込まず、管理職にも相談して対応を進めます。

31 ほかの保護者の不満を訴えてくるとき

　別の保護者に不満のある保護者が、直接相手に言わず、教師に何とかしてほしいと訴えてくることがあります。その保護者の言い分だけを聞いて対応すると、結果的に教師が板挟みになって両方の保護者から非難されることになりかねません。

　保護者の不満を十分に聞いてつらい感情を受け入れ、冷静になったところで問題を整理して今後についての対応策を一緒に考えるようにします。

よくない対応・しがちな対応

訴えてきた保護者の批判に同調してしまう

キムラさんのことですが、自分の気に入ったお子さんだけを集めて球技大会の練習をしています。うちの子を仲間外れにするのはどういうことでしょうか。先生、何とかしてください

そんなことがあったのですか。キムラさんは困ったものですね。わかりました。すぐに対応します

　予想外のできごとであることと保護者の感情が高ぶっていることから、教師は最初に訴えてきた保護者の批判に同調して、一方だけの言い分を鵜呑みにして対応しがちです。しかし、もう一方の保護者にも言い分があることがわかれば、結果的に、両方の保護者から、教師の対応を非難されてしまいます。

保護者の気持ちと反応

味方になってくれると信じた教師から裏切られたと感じる

　最初は自分の話に同調してくれ、自分の味方になってくれると信じますが、その後、もう一方の保護者の話を聞いた教師が、徐々に中立の立場に立とうとしはじめ、裏切られたと感じます。

不満の矛先が教師に向かう

　自分の思い通りにならないことへの不満から、教師に対する不信感が高まります。その後、教師から対応策などを提案されても、それを受け入れられなくなってしまいます。

 こうしよう

①保護者の話を聞き感情を受け止める

うちの子だけが仲間から外されて、もう学校に行きたくないと言っています。どう考えてもキムラさんのやっていることはひど過ぎます

それはつらいでしょうね

　保護者は、自分の感情を受け止めてくれる相手を求めて教師に訴えているのだと考え、保護者の感情を代弁するように話をじっくりと聞き、保護者の気持ちが落ち着くのを待ちます。そのあいだ、相手への批判に対しては絶対に同調しないようにします。

②相手の保護者への要望を尋ね問題を一緒に整理する

キムラさんにはどのようなことを望んでいらっしゃいますか？

　保護者の気持ちが落ち着き、冷静になったら、相手の保護者への要望を尋ねます。相手への期待が外れたことが不満につながっている可能性や、自分とは意見や考えが異なる保護者がいる可能性について話し合い、問題点を一緒に整理します。

③今後の対応策について一緒に考える

キムラさんはサッカーが苦手な子どもたちにコツを教えてチームを応援しようとしていたようです。みんなが楽しめる球技大会にしたいと考えています。保護者のみなさんで協力できるような方法を一緒に考えていただけないでしょうか？

　やり方や考え方が違っていても、保護者はみな、子どもの成長を願う不可欠なパートナーであることを確認します。そして、子どものために今後どんな協力ができるか、具体策を一緒に考え、保護者同士のしこりが残らないように橋渡しをします。

▶▶アドバイス

　ほかの保護者への苦情を教師に訴えてきたときの最初の対応はとても大切です。興奮した口調で切り出されると、教師は、ついその話に同調したり、その場しのぎのことを言ったりしがちですが、絶対にしてはいけません。教師は、もう一方の保護者の存在を頭に入れつつ、保護者のつらい感情を十分に受け止めるとともに、子どものために相手の保護者とも協力できることを一緒に考えて、保護者同士の関係改善に向けた橋渡しに努めます。

32 学校とは無関係の不満をぶつけられたとき

　何か困ったことや自分の思い通りにならないことがあると、感情的になったり、だれかに不満をぶつけたりする保護者がいます。学校は、来校者にはていねいに対応しますので、教師がそうした保護者の不満やストレスのはけ口にされることがあります。感情をまともにぶつけられたり、つぎつぎと苦情を聞かされたりすると、教師にもストレスがたまります。保護者の「話を聞いてほしい」という思いを満たしながら、教師も自分自身を守る対処法を身につけておく必要があります。

よくない対応・しがちな対応

関わりたくない思いが態度に出てしまう

サトウくんのお母さんがいつもゴミ当番をやらないので本当に迷惑しています。仕方がないので私がやっていますが、仕事がある人が優遇されて、いつも主婦が貧乏くじを引かされているんです。主婦はみんなに暇だと思われているようですが、先生はどう思いますか？

申し訳ありませんが、そのことについては、私はお答えすることができません

　学校とは無関係なことについて苦情を聞かされたり、不満をつぎつぎと訴えられたりすると正直閉口してしまいます。関わりたくないという思いから、「そのことに私はお答えできません」とつい言ってしまいます。

保護者の気持ちと反応

教師に相手にされず感情がさらに高ぶってしまう

　尋ねているのにまともに答えてくれない教師に、自分がないがしろにされていると感じ、感情がさらに高ぶってしまいます。

自分の味方にならない教師を攻撃や批判の対象にする

　自分のことを大切に扱ってくれない教師は自分の味方ではないと思うようになり、教師のあら探しをしたり、攻撃や批判の対象にしたりします。

こうしよう

①時間を決めて積極的に聞き出す

急なご来校でしたので、15分間だけしかお話をお聞きできないのですが、よろしいでしょうか？

はい

早速ですが、今日はどんなご心配をおもちでしょうか？

（15分後）

忙しいサトウさんの分までおやりになっていたのですね。ところで、これから、どのようにされたいとお考えでしょうか？

　最初に、面談時間を保護者に伝えます。教師から積極的に質問し、保護者の思いを引き出して受け止めます。苦情の背景には、保護者の悩みや心配が隠されていることがよくあるからです。時間がきたら終わりにして、今後について確認します。

②受け止め方を変える

主婦は暇だと思われて損しているんです。私だって本当は勤めに出たいんです

世の中にはこのように考える人もいるんだな

　前向きに受け止めたり考えたりすると、ストレスを減らすことができます。

③自分なりの対処法を用意しておく

感情が高ぶっていて、どうにも手がつけられない……

学年主任に相談してからお答えしたいと思いますが、よろしいでしょうか？

　「激しい怒りに対しては、お茶をすすめながら主任と一緒にていねいに訴えを聞き、怒りをしずめてもらう」など、予想される場面別の対処法を自分なりに用意しておけば、余裕ができ、保護者の感情に巻き込まれるのを防ぐことができます。

▶▶ アドバイス

　教師自身に向けられたものではないにせよ、否定的な感情をまともにぶつけられるのは、気持ちのよいものではありません。ときには、自分が否定されているように感じられ、強いストレスとなります。
　不意の来校などには、時間を限定したり、人員を構成したりして、校務に支障をきたさないように対応します。また、感情の受け止め方や感じ方を変えたり、あらかじめ準備している対処法を用いたりして、メンタル面への悪影響を予防します。

33 勤務時間外に電話がかかってきたとき

　担任教師の自宅や携帯電話の番号は、緊急連絡先として知らせていますので、勤務時間外に保護者から電話がかかってくることはよくあります。「子どもが帰って来ない」など、本当に急を要する電話もありますが、翌日の持ち物についての問い合わせや、学級経営に対する不満などの場合もあり、多岐にわたります。
　緊急な対応が必要かどうか、電話をかけることで保護者は何を望んでいるのかを判断し、保護者の心配や不安を受け止めながら教師のプライベートな時間も確保することが必要です。

よくない対応・しがちな対応

断れずに保護者の長電話に応じてしまう

先生、来週の奉仕活動と勤務日が重なっているんです。どなたがこの日に決めたのでしょうか。みなさん、参加されるんでしょうか……

ご都合が悪くて奉仕活動に参加できないのは仕方ないと思いますが……。ほかにも参加できない方もいますので気になさらなくてもよろしいかと思いますが……

　教師は、保護者からの電話には、たとえ時間外であってもていねいに対応しなければならないと考えがちです。そのため、迷惑だと思っても断れず、保護者の長電話についつい応じてしまいます。

保護者の気持ちと反応

教師ならいつでも相談にのるのが当然

　教師は子どものために存在するのだから、子どもや保護者が困っているならば、どんなときでも相談にのるのが当然だと考えます。そのため、教師の都合は二の次にして、いまの自分の心配を早く解決したいと考えます。

教師はいつでも自分の話を聞いてくれる人だと考える

　子どもの相談という体裁を取りつつ、自分の話を聞いてくれる相手を求めています。教師はいつでも自分の話を聞いてくれる人と考え、その後も頻繁に電話をかけるようになります。

①緊急の対応を要するか判断する

 遅い時間ですが、どのようなことでお困りでしょうか？

 奉仕活動に参加しないことで、また、クラスのお母さんたちに冷たくされるのが怖いんです

まず、電話の緊急度を判断します。「子どもが帰って来ない」など、緊急性の高い電話の場合、保護者の気持ちをしっかりと受け止め、必要情報を聞き出し、教師が知っている情報を伝えます。必要に応じて警察に相談するなど、対策を講じます。

②時間を区切り家庭での時間を確保する

 今日は、10分程度しか時間が取れないのですが、よろしいでしょうか？

教師にとっても、家庭生活は大切な時間です。急を要しない場合は、はじめに電話できる時間を区切って長電話になるのを避け、プライベートな時間を確保します。

③別に時間を設定して保護者の相談にのる

 明日の午後4時過ぎでしたら直接お会いしてお話を聞くことができます。ご来校いただけますか？

緊急の要件でなくても、保護者が子どものことで困っていたり、不安に思っていたりして話を聞いてもらいたいと考えている場合、保護者の気持ちに寄り添ってじっくりと話を聞く時間を別に確保して、不安や心配の解消に努めます。

▶▶ アドバイス

夜間に緊急の電話が入った場合でも、直ちに現場に行かなければならない事案はさほど多くはありません。教師が把握している事実の提供や、対応の仕方についてのアドバイス、また、情緒的なサポートなどをおこないながら、保護者の不安を軽減することができます。

一方、教師が緊急性のない話題だと判断しても、保護者が困っているのはいまですから、自分の気持ちを受け止めてくれている、親身になってくれていると保護者に感じてもらえるように対応することが大切です。電話の代わりに、後日面談日を設定するなど、話をじっくりと聞き、保護者の気持ちに寄り添う時間を設けます。

34 保護者から砕けた口調で話しかけられたとき

　若手教師にとって、保護者は目上であり、人生経験も豊富です。それゆえ、言葉づかいや立ちふるまいに大変気を使います。そのように努力していても、年下の教師に対して「子育ての経験もないのに……」と見下すような態度をとる保護者や、友だち感覚の砕けた口調で話しかけてくる保護者もいます。

　若いうちは、子どもとの距離を縮めやすい反面、保護者との関係づくりでは苦労するといえます。ポイントを押さえ、保護者との良好な関係を築きます。

よくない対応・しがちな対応

言葉の使い方で保護者のプライドを傷つけてしまう

- 先生、うちの子が最近、授業中、周りがうるさくて集中できないって言っているのよ。ちょっと気になっているんだけど、大丈夫かしら……
- そう…
- こっちが心配しているのに、ずいぶん適当なのね。言葉づかいも、もう少し何とかならないのかしら……
- 教師として甘く見られてはだめだ
- まぁ、自由に意見を言い合うのも大事ですよ。全然だいじょうぶです！

　教師は、教育の専門家という立場上、伝えるべきことは伝えなければなりません。しかし、教育者としての未熟さが露呈することを恐れるあまり、保護者への敬意に欠ける言葉づかいになりがちです。

保護者の気持ちと反応

年下の教師に見下されていると感じ不快感を抱く

　社会的地位や学識、年齢が自分よりも下だと思っている教師の発言や態度に敬意を感じられないと、自分が軽んじられたと感じ、不快感を抱きます。

プライドが傷つき教師の発言を受けつけなくなる

　プライドが傷つくと、教師の発言に正当性があったとしても、感情的にそれを受け入れることができず、聞き流したり、否定的な態度をとったりします。

①教育に対する考えや自分の人間性を「私メッセージ」で伝える

貴重な情報をありがとうございます。私としては、子どもたちが自由活発に議論できていてよいことだと思っていますが、「場に応じた発言」という面では、指導が必要だと考えています。みんなが気持ちよく議論できるような雰囲気づくりに努めていきたいと思います

　敬語を使用して保護者に敬意を示しつつ、担任としての教育観や子どもたちの評価について、「私は〜と思います」というように、私を主語にした「私メッセージ」で伝えることで、保護者から教師として接してもらえるようにします。

②子どものよいところを具体的・積極的に伝える

国語の時間、とても情感のこもった音読をしてくれました。お母さんがいつも音読の練習を見てくれていると、うれしそうに教えてくれました

あら、夕食のときに話を聞いてみようかしら

　電話や連絡帳、学級通信などでは、行事のお知らせや日常の連絡だけでなく、子どもたちの学校でのようすも意識的に伝え、教師が子どもをしっかりと見ていることが保護者に伝わるようにします。

③教師の努力や力量が子どもを通じて伝わるように取り組む

今日の音読、先生やみんなから「すごく上手だね」ってほめられたんだ！

それはよかったわ、いつも練習がんばっているもんね

　子どもへの声がけや教材研究、トラブルへのていねいな対応などを続け、子どもたちが学校生活を楽しく過ごせるようにします。そうして子どもたちからの信頼を勝ち取り、その信頼が、子どもの言動を通じて保護者に伝わるようにします。

▶▶ アドバイス

　若い頃は、それだけで保護者から軽く見られたり、頼りなく思われたりすることがあります。それでも立場上、保護者に対して指導・助言をしなければならないこともあり、やりづらさを感じることもあります。
　しかし、教師の立ちふるまいや子どもと向き合う姿勢は、子どもたちを通して保護者に伝わっていきます。前向きに、一生懸命子どもと向き合い、子どもから親近感や信頼感をもたれるような仕事をすることが、最終的に保護者からの信頼をも勝ち取ることにつながるのです。

Sample 3 保護者の要望を知るためのアンケート用紙

平成 26 年 2 月 11 日

保護者 様

○○市立○○小学校
校長 ○○○○

学校評価（保護者アンケート）のお願い

　学年末が近づいてまいりました。今後のよりよい学校づくりに向けて、今年度の教育活動の振り返りを行いたいと思います。つきましては、下記の5項目（①保護者や地域との連携 ②学習指導 ③生徒指導 ④教育環境 ⑤安全）について数項目の視点に照らし合わせて、4段階の評価をして当てはまる欄に○を付けてください。ご意見があれば、記述欄にお書きください。

> 評価項目を絞り、記述欄を大きくとる。改善のためのアンケートには意見が必要。

1. 保護者や地域との連携ができている

観点	学校は、教育活動の様子や指導内容などをわかりやすく伝えている。
	学校は、教育活動に生かすために保護者や地域の方たちの声を聞いている。
	学校は、教育活動に保護者や地域の方たちの協力を積極的に受け入れている。

評価	そう思う	ご意見等
	少しそう思う	
	あまり思わない	
	思わない	

学校内評価	・授業参観と学年・学級PTA活動をうまく組み合わせたことにより、保護者の学習参加を促すことができた。 ・授業へのゲストティーチャーの招へいについて、学年で年間2回以上を設定することを目標に取り組み、たくさんの地域の方に授業に関わっていただいた。全体では、合計22回の招へいであった。 ・校外学習や登下校の際の「見守り隊」のご協力をいただいた。「見守り隊」の方から子どもたちの様子も知ることができ、指導に役立てられた。 ・ホームページは年2回の定期更新が、1回になってしまった。

2. 学習指導は子どもたちの学力をのばしている

観点	学校は、「読み・書き・計算」の基礎的な力の定着を図っている。
	学校は、子どもたちの学習意欲や学習態度を育てている。
	学校は、発展的・応用的な学習の力を育てている。

評価	そう思う	ご意見等
	少しそう思う	
	あまり思わない	
	思わない	

学校内	・校内研究では「学び合い、高め合う授業づくり」をテーマに、子どもたちの主体的、協働的な学びを引き出す手立てを講じてきた。学習意欲の向上、学力テストの数値向上など、多くの成果が見られた。

> 学校内の評価を載せることにより、学校改善のための意見を求めていることを理解してもらう。意見が出しやすくなる。また、教育活動への関心を持ってもらえる。

▶▶ アドバイス

　項目を羅列したアンケートでは、量的な評価はできても、保護者の学校に対する具体的な要望を把握することは困難です。質問項目はできるだけ厳選して少なくし、自由記述欄で要望を引き出します。要望に対しては、Q＆A形式などで具体的に回答します。意見が役立ったという気持ちをもってもらい、信頼関係を構築します。

第4章

保護者からの苦情に対応する

　苦情を入れる保護者の多くは、感情が高ぶり、それが言動に表れている場合が多いでしょう。保護者の怒りの感情に教師が巻き込まれないことが肝要です。

　まず、保護者の怒りや不信感を払拭し、子どものために教師と保護者が協同して対応していくことを確認します。そして、そのために話し合うということを意識して対応を進めます。

35 「いつもうちの子ばかり……」と言われたとき

　「自分の子どもだけが厳しく叱られている」などと、連絡帳や電話で頻繁に教師に訴えてくる保護者がいます。その背景には、過去、他者に傷つけられたり、不当な扱いを受けたりという経験があり、被害者意識が強く、常に強い不安感をもっている可能性があります。教師の話を十分に聞く姿勢になれないだけでなく、自分を侵害してきそうだと感じた相手を、先手を打って非難（攻撃）することで、不安感から自分自身を守っているのです。
　教師は保護者の言動に感情的にならないように注意し、子どもに対応すると同時に、保護者の不安を取り除くように努めます。

 よくない対応・しがちな対応

教師が弁明し保護者の不安感を受け止めようとしない

 今日もうちの子が「先生に怒られた」と言って帰ってきました。先生、アツシだけを特別厳しく叱ってるんじゃないでしょうか？

 それは思い違いです。みんな平等に接しています

　教師は、保護者の思い違いさえ解消できれば、自分への非難が収まると考え、保護者の抗議に弁解したり、自らの指導内容を説明したりしがちです。しかし、保護者の不安感が強い状態では、かえってそれを高めてしまいます。

 保護者の気持ちと反応

不安がさらに高まる

　自分の訴えを教師に聞いてもらえないと感じると、これからもわが子によくないことが起き、話も聞いてもらえないという不安・不満の感情が高まっていきます。

教師や学校を非難する言動につながる

　不安が、教師や学校に対する不信感や怒りにつながり、学校を飛び越え、教育委員会に直接訴えようとすることもあります。

 こうしよう

①保護者の話を十分聞き不安な気持ちを受け止める

　今日もうちの子が「先生に怒られた」と言って帰ってきました。先生、アツシだけを特別厳しく叱ってるんじゃないでしょうか？

アツシくんのことでご心配をおかけしています。お母さんのお気持ちは大変よくわかります　

　教育的必要性から子どもを指導したことに対して保護者から苦情を受けると、教師は大変ショックを受けます。しかしまずは、保護者の不安な気持ちを十分に聞き、受け止める姿勢を示すことで、その不安を軽減させるように努めます。

②指導内容を説明する

　アツシくんが、階段付近でクラスのアンナさんの背中を押しているところを見ました。危険な行為ですし、クラスのルール違反でもありましたので、その場で注意し、放課後に話し合うという対応をしました

　保護者の不安を受け止めたうえで、教師の対応を説明します。釈明にならないように、事実のみを分析的に説明します。教師自身も感情に巻き込まれることなく、冷静に話すことができます。

③保護者との連絡手段を確立する

　毎週金曜日、アツシくんの学校でのようすをご連絡してもよろしいですか？　よかったことなどもお伝えできたらと思っています。アツシくんが学校生活を充実させられるように作戦会議をしたいのです

　①②の対応をすることで、一時的に保護者の不安を軽減できても、その後も不安が根強く残ることもあります。そこで、連絡帳や電話など、保護者との連絡手段を決め、学校での子どものようすを定期的・継続的に知らせて、保護者に安心感をもってもらいます。

▶▶アドバイス

　「担任教師は味方である」と感じられるような関係を日常的に築いておくことが大切です。教師への非難や攻撃は悪意からきているのではなく、保護者自身が抱える不安からきているものだと考えます。教師が感情的に巻き込まれないように、冷静に対処することが大切です。

36 教師の説明を一方的に否定されたとき

「我が子の家庭での姿と学校での行動とのギャップが大きく、信じることができない」「子どもを信じ、守ろうとする気持ちが強すぎて、問題を認めたくない」「自分まで非難されているように感じ、子どもの非を認められない」といったことから、子どもの説明を鵜呑みにし、教師の説明を認めない保護者がいます。

説明の内容が、子どもと教師とで食い違わないようにしつつ、保護者責任を追及しているのではないということを理解してもらうような配慮が必要です。

 よくない対応・しがちな対応

抽象的な言葉で学校でのようすを伝えてしまう

うちのヤスオは、ハルミくんに悪口は言っていないそうです

いえ、放課後にハルミくんがヤスオくんに暴言を言われたと私に訴えてきました。最近、ヤスオくん、お友だちとのトラブルが多いので心配しているんです

教師は「家との違い」を保護者に気づいてもらうため、「最近」や「多い」など、抽象的な言葉で学校でのようすを伝えがちです。「担任は推測で判断して、わが子を悪い子と決めつけている」という不信感を保護者に抱かせてしまいます。

 保護者の気持ちと反応

子どもの話を聞かない教師という評価をして不信感をもつ

教師の話と子どもとの話のあいだにずれがあると、教師はわが子を理解していないと感じ、教師に対して不信感をもちます。保護者の不信感は、いずれ子どもに伝わります。

自分の子どもや育て方を否定されたと感じる

「授業中いつも落ち着きがない」などと言われると、「自分の子が悪い子だと決めつけられた」「自分の育て方が否定された」と感じ、つい感情的になり、教師の言葉を否定したくなります。

①保護者に話す内容を子どもと確認する

（メモをヤスオに見せながら）さっき２人で確認したことをメモしたよ。このままお家の人に連絡するけど、この内容で大丈夫かな？

はい。大丈夫です

　子どもは、家の人に叱られるのではないかという不安感や、教師に対する不信感、状況の理解不足などから、自分に都合のよいように話すことがあります。保護者に話す内容を事前に子どもと確認しておくことで、子どもと教師の話のずれを防ぎます。

②感覚的な表現を避け観察された事実を伝える

２人に話を聞きました。ヤスオくんがハルミくんを「一緒に帰ろう」と誘ったところ、ハルミくんは、「少し遅くなるから先に帰ってて。ごめんね」と断ったそうです。そこでヤスオくんは、「ハルミくん、きらい！」と大声で言ってしまったようです

　「『ハルミくん、きらい！』と言ってしまったようです」と「また暴言を言ったようです」とでは、保護者に与える印象はまったく違います。感覚的な表現を使うと、保護者には子どもの人格が否定されているように聞こえ、保護者の感情を害します。観察された事実のみを伝えるように心がけます。

③子どものための話し合いであることを理解してもらう

ヤスオくんのよりよい学校生活のために、学校とご家庭が連携することが大切だと思います。学校では、人との関わり方が上手になれるような活動を取り入れます。ご家庭でも、人間関係にまつわる成功・失敗談などを話していただけないでしょうか？

　「わが子が否定されている」「自分の育て方が非難されている」と保護者に思わせては、建設的な話し合いは望めません。「周りが困るから」ではなく、「子どものよりよい学校生活のために」話し合いたいという姿勢で臨むことが大切です。

▶▶ **アドバイス**

　まずは子どもの話を受け止めて、子どもとの信頼関係を築きます。それは保護者との関係にもよい影響与えます。子どもが「話をしっかり聞いてもらえた」と思えば、家に帰ってから、それを保護者に伝えることが多くなるからです。
　保護者と話し合うときは、「その子どもの学習や学校生活の向上のために」協力していきたいということを確認します。最後には、「今後も何かございましたら、お気軽にご連絡ください」という具合に、話し合いを機に保護者との関係を深めていくようにするとよいでしょう。

37 突然感情的に苦情を訴えられたとき

　「うちの子が休んだときの勉強のフォローがないのはなぜだ」「うちの子どもがいじめられたのに、お互いに謝るように言われたのが納得できない」というように、突然感情的に苦情を訴えてくる保護者がいます。子どもから聞いた断片的な話に自分の推測をつけ加えて一方的に解釈し、激昂して苦情を訴えるのです。
　教師は保護者の感情に巻き込まれないようにし、まずは冷静になってもらうように努めます。その後、保護者の言い分を十分に受け止めてから、事実を保護者と確かめます。

よくない対応・しがちな対応

保護者の苦情に正論で返してしまう

ナオキが友だちから仲間外れにされたと言ってます。席替えをしてイサオくんの近くに移動させてください

ナオキくんだけ特別扱いして席替えすることはできません

　興奮した保護者からの連絡は、教師にとって大変な恐怖です。責任を問われている状況から何とかして早く逃れたいと焦り、すぐに正論で返してしまいがちです。

保護者の気持ちと反応

ますます感情的になる

　十分に思いを話す前に反論され、「この教師には、子どものつらさや自分の思いがなぜ伝わらないのか」という気持ちが膨らみ、ますます感情的になって教師を非難します。

自分の事実誤認に気づかず教師の説明を言い訳と感じる

　いつまでも感情が高ぶったままで、建設的な話し合いをしようという気になれません。そのため、事実誤認があったとしてもそれに気づかず、教師の説明を言い訳だと感じます。

♥ こうしよう

① 保護者の苦情を十分に聞いて受け止める

- どうしてナオキくんが仲間外れにされていると思われたのですか？
- （共感的に）それはご心配だったでしょう
- ナオキは「休み時間はいつも１人で過ごしている」と言っていました。席替えをするまでは、イサオくんと仲よしでいつも一緒だったのに、最近はいつも１人なんです

　感情が高ぶったままでは話が進みません。まずは、保護者の気持ちをひと通り話してもらいます。十分話を聞けば、保護者の高ぶった感情も次第に落ち着いていきます。

②「事実」と「推測」を腑分けする

- 休み時間は１人で過ごすことが多いということをナオキくんから〈聞いた〉のですね？（事実の確認）
- そのとき、お母さんは、ナオキくんが仲間外れやいじめをされていると〈思われた〉のですね（推測の確認）
- はい
- はい

　保護者の訴えの内容を、順を追ってゆっくりと確認しながら、何が事実で、何が推測なのかを腑分けしていきます。

③ 教師に期待する対応について話し合う

- すぐに席替えをして、ナオキをイサオくんのとなりの席にしてください
- ほかの子どもたちや保護者の方からの反発も想定されますが、いかがお考えですか？

　教師に期待する対応を聞き、受け入れられる内容ならば、そのように対応することを確認します。受け入れられなくても、頭ごなしに否定するのではなく、受け入れた際に起こりうる問題を挙げて確認します。冷静に話し合い、異なる考えの保護者や子どもがいることを気づいてもらいます。

> ▶▶ **アドバイス**
>
> 　苦情を訴えてくるということは、教師に話を聞いてほしいという保護者の気持ちの表れです。まずは言い分を受け止め、感情をしずめてもらいます。話を聞いただけなのに、保護者の感情が収まり、帰宅していく、ということも多いものです。

第４章　保護者からの苦情に対応する

38 となりのクラスの方が落ち着いていると言われたとき

　保護者は担任教師に対して、わが子には十分な対応・支援をして欲しいと強く願っています。そのため、担任教師が若く経験不足が心配だったり、対応の仕方に不安があったりすると、前担任やほかのクラスのベテラン教師などと比較して、その不安・心配を遠回しに担任教師に告げることがあります。
　保護者の不安にていねいに対応して、教師への信頼を獲得していく必要があります。

 よくない対応・しがちな対応

自分の指導法の正当性を主張してしまう

となりのアヤセ先生のクラスとくらべると、このクラスは、立ち歩きが多くて落ち着きがないような気がするのですが……

何だ、この先生……

うちのクラスはうちのクラスのやり方でやっていますから

　だれかと比較されれば、教師も気分が悪いため、「自分には自分のやり方がある」と、その正当性を強く主張してしまいがちです。

 保護者の気持ちと反応

教師への不安と不信感が高まる

　自分の不安に十分対応してもらえないため、わが子に対しても十分に対応してくれていないのでは？　と感じ、教師に対する不安や不信感が高まります。

教師に批判的な見方や言動をとるようになる

　教師の指導に対してつねに懐疑的になります。その結果、教師に協力的になれず、批判的な言動をするようになります。

こうしよう

①保護者の話を十分聞き不安な気持ちを受け止める

> となりのアヤセ先生のクラスとくらべると、このクラスは、立ち歩きが多くて落ち着きがないような気がするのですが……

> ご指摘ありがとうございます。たしかに授業中の立ち歩きについては課題だと思っています。お気づきのことがありましたらおっしゃってください。

ほかの教師と比較されるのは気持ちのよいものではありません。しかし、保護者の不安を十分に聞いて受け止め、少しでもやわらげます。

②問題を整理し保護者の期待する対応を確認する

> そんな指導では、子どもたちがゆるんでしまうんじゃないですか？

> 私の指導がやさし過ぎるのではないかと心配されているのですね？もっと厳しい指導が必要とお考えでしょうか？

保護者が自分（担任教師）の指導法のどの点に、どのような不安や心配を抱いているのかを一緒に整理し、どのような対応を期待しているのかを確認していきます。

③今後の協力を要請する

> ご希望、十分に理解いたしました。私は子どもの個性を尊重する指導を目指していますが、子どものゆるみという点からも指導のあり方を考えたいと思います。今後とも、ご協力をよろしくお願いします。

保護者の期待を確認したら、それを理解したことを十分に示したうえで、学級の状況や教師としての理念、力量など、いまの指導法を選択している理由を説明します。最後に、保護者のアドバイスも参考にしたいということを伝え、保護者に今後の協力を要請します。

▶▶アドバイス

「○○のクラスの先生は～」という保護者からの言葉に過剰反応してはいけません。保護者は、教師の指導法のどの部分に、どのような不安を感じていて、どのような対応を期待しているのかを冷静に理解することが第一歩となります。

保護者からの指摘に妥当な点があれば、率直に感謝して、それを取り入れる姿勢を見せることも大切です。保護者の期待に応える方法は１つではありません。対応の仕方をいくつか提案し、教師と保護者それぞれが納得できる指導法を見つけていきます。

39 子どもの成績に苦情を言われたとき

　中学校受験を目指す子どもの保護者は、わが子の成績に敏感です。期待を寄せるあまり、わが子の現状をきちんと把握できていなかったり、子どもの課題を受け入れられなかったりします。評価が低いと過剰に反応し、指導内容や子どもへの評価に対して不満や不信感を抱くようになり、教師への苦情となって表れます。
　「わが子をよく見てほしい」「目をかけてほしい」という気持ちをくみ取りつつ、成績評価のための客観的な資料を用意し、子どものよさと課題を伝えます。

 よくない対応・しがちな対応

保護者の話を聞かずに子どもの課題ばかりを伝えてしまう

あのう、ユリの成績の件なのですが……

ユリさんは、授業中に自分の意見をあまり言いたがりません。提出物の内容も十分でないことが多いので、このような成績をつけています

　成績評価の規準や根拠があいまいなため、保護者に明確な説明ができません。保護者はもっと話したいのにも関わらず、教師は自分の評価の正当性を訴えたいがために、子どもの課題ばかりを一方的に伝えがちです。

 保護者の気持ちと反応

子どものみならず自分も否定されたと感じてしまう

　課題ばかりが強調されるため、子どもだけではなく、自分の子育ても否定されたと感じてしまい、だんだんと不快感が高まってきて、肝心の子どもの課題を冷静に捉えることができなくなります。

教師の指導力に疑問をもつようになる

　そもそも、教師が子どもの指導に自信をもって臨んでいないと感じます。子どもの成績が落ちたのは、教師の指導が悪いからではないかなど、教師の指導力に疑問をもつようになり、教師に対して批判的な言動をするようになります。

①保護者の話を十分に聞き思いを受け止める

あのう、ユリの成績の件なのですが、どうして、書く力の評価が低いのでしょうか？

なるほど。書く力の評価が低いことが気になっていらっしゃるんですね。でも、ユリさんは、文章の要旨を捉える力は非常に高いのです

　わが子に対する保護者の期待や、成績に対する不満点、教師に期待する指導などを十分に聞き、受け止める姿勢を示します。同時に、子どものよいところを具体的なエピソードを交えて話し、教師に対する保護者の不満や不信感を少しでも軽減させます。

②成績評価の基準と子どもの課題を伝える

テストの点数とノートや提出物の内容で評価しています。ノートが適切にまとめられているか、自分の考えが書かれているかも評価しています

ユリさんは、自分の考えをまとめるところに苦手があるようです

　指導法や評価基準について、日頃から学年や学校単位で十分に話し合って統一し、明確に説明できるようにしておきます。そのうえで、子どものテスト結果などの資料をもとに、評価の理由と子どもの課題をしっかりと伝えます。

③今後の対応と協力方法について話し合う

ユリさんは、読む力はありますので、読み取ったことを、自分の考えとして文章にまとめることができるようになると、さらに力を伸ばすことができると思います

ご家庭でも新聞や本を読んで感想を話し合っていただけると幸いです

　子どもの力をさらに伸ばしていきたいという教師の思いを伝えます。今後の指導方針を示し、保護者との連携を要請し、家庭でもできる具体的な手立てを提案します。

▶▶アドバイス

　成績評価の基準があいまいだと保護者は納得しません。なかには、前年度や前担任と比較して成績が下がったと訴えてくる保護者もいます。日頃から評価規準について学年や学校で十分検討し、統一しておきます。さらに、個別の成績について、根拠となる資料を用意し、いつでも明確に示せるようにしておきます。

40 保護者が子どもの服装や髪型を変える気がないとき

　服装や髪型の乱れは、子どもの問題行動を示すシグナルの1つです。迅速な対応が求められます。同時に、それらは保護者の嗜好によるところも大きく、啓発が欠かせません。
　「服装や髪型を改善してほしい」という学校側の要望を押しつけるのではなく、子どもが深刻な問題に巻き込まれることを心配しているという姿勢で臨み、それが保護者に伝わるように話し合いを進めていくことが大切です。

よくない対応・しがちな対応

子どもの悪い点ばかり指摘し服装や髪型の改善を迫る

> ナナコさんは最近、テストの点数が落ち続けています。授業中、ネックレスや指輪に気を取られていて学習に集中できていないからです

> 学校としては、ほかの子どもにも影響を与えるので、外してくるまで教室に入れないことも考えたいと思います

　服装や髪型と子どもの日頃の課題を結びつけ、子どもの悪い点ばかりをつぎつぎと指摘し、さらに、ほかの子どもにも悪影響を与えるという理由から、服装や髪型の改善を一方的に迫ってしまいがちです。

保護者の気持ちと反応

｜子どもだけでなく自分も否定されたと感じる

　自分がよいと思ってさせている服装や髪型を教師から頭ごなしに注意され、子どもだけではなく、自分も否定されたと感じます。不快感が高まり、子どもの問題を冷静に考えることができなくなります。

｜子どもをかばい教師の指導を批判する

　自分の子どもが周りに悪影響を与えると言われ、教師は自分の子どもに目をかけてくれないと不満を感じます。さらに、子どもをかばいたいという思いから、教師の指導の方に問題があるのではないかと考え、教師を批判するようになります。

① 子どもの現状を教師の評価を含めず客観的に説明する

> ナナコさんは、最近、髪の毛を茶色に染め、指輪やネックレスをして登校してくるようになりました。また、教室では上履きのかかとをつぶして履いています

子どもの現状について、よいか悪いかという評価をせず、客観的に見たまま伝えます。

② 悪い方向に進まないか心配していることを伝える

> ナナコさんは友だちや下級生にとてもやさしい子なのに、服装のせいで誤解されてしまうのは残念です

> 外見のせいで素行不良グループに目をつけられたり、事件やトラブルに巻き込まれたりしないか心配しています。ご家庭でのようすはいかがですか？

服装や髪型が奇抜なことで、その子のよさが正当に評価されなかったり、誤解を招いたり、学習に身が入らなかったり、身に危険が及んだりする可能性があることを伝えます。そして、悪い方向に進んでしまわないか心配していることを伝えます。

③ 学校や家庭での対応を一緒に考える

> 学校では、危険に巻き込まれてしまわないように見守っていくとともに、ナナコさんのよさをほめて、学校での学習や活動に集中できるようにしていきます

> ご家庭での協力も不可欠です。ナナコさんを見守っていただき、何か変化があったら教えてください

子どもが集団生活のなかで社会性を育み、友だちとの活動や学習に集中できるよう、学校と家庭が話し合って、妥協点を見つけます。学校では、子どものよい点を積極的に認めて伸ばしていくことを伝え、家庭での配慮を求めます。

▶▶ アドバイス

その子どもだけを特別扱いするのではなく、学校のルールのなかでよりよく過ごせるように、学校と保護者が連携して子どもを育てていくことを確認することがもっとも大切です。教師、保護者双方が子どもの小さな変化を見逃さないようにし、日頃から連絡を取り合います。

また、教師が子どもを心配していることが保護者に伝わるようにします。それが保護者の家庭での配慮を促します。子どもや保護者の養育を責めるような展開にしてはいけません。

41 細かなミスや立ちふるまいなどを指摘されたとき

　保護者はだれしも、しっかりとした指導のできる教師を望んでいます。そのため、担任教師は十分な指導力があるか、子どもにとってよい手本となっているか、言動の1つひとつに注目しています。少しでも気になるところがあれば不安になり、教師に対する不信感につながります。

　子どもたちが教師に対して不満や不信感をもっている可能性もあります。日頃から、保護者、子どもともに満足できる学級経営を心がけていくことが重要です。

 よくない対応・しがちな対応

保護者からの指摘に納得できず言い訳をしてしまう

「先生は、ケンカになるといつもキョウコだけを叱るそうですね。相手の子も悪いんじゃないですか？」

「そんなつもりはありません。ですが、なかなかキョウコさんに伝わらないことも多くて……」

　がんばっているのに保護者から細かなミスを指摘されると、なかなか納得できません。そのため、指摘を素直に受け止められず、言い訳をしてしまいがちです。

 保護者の気持ちと反応

教師の指導力への不安と不信感が高まる

　教師のミスや言動を指摘しているのにそれを聞き入れられないと、教師は、わが子に十分な指導をしてくれないのではないかとますます不満をもちます。

教師や学校の対応に批判的な見方や言動をとるようになる

　教師の指導に対して不信感を高め、批判的意識が強くなります。その結果、教師や学校に対する理解や協力の意識が低下し、批判的な言動になってしまいます。保護者が教師や学校に対して批判的になると、子どもも教師に対して批判的な言動をとるようになります。

①保護者の話を十分聞き不安な気持ちや不満を受け止める

> キョウコは、自分の気持ちを伝えるのが苦手なんです。とくに興奮すると、言いたいことが言えなくなってしまって、つい手が出てしまうんです

> なるほど。直接教えていただけてありがたいです。お家ではそんなとき、キョウコさんはどのように話しているのでしょうか？

　まずは、保護者の訴えを真摯に受け止める姿勢を見せることで、保護者の不安や不信感を少しでも軽減させます。

②問題を整理し保護者の期待する対応を確認する

> お父さんのお考えやお気持ちはわかりました。もう少しゆっくりとキョウコさんの話を聞くようにするとよろしいでしょうか？

　教師の細かなミスを指摘する保護者の多くは、教師の指導や対応に不満や不信感をもっています。話を受け止めつつ、保護者のほんとうの要望をつかみます。

③今後の改善の方向を示す

> わかりました。キョウコさんの気持ちをしっかりと聞き取ったうえで指導していきたいと思います。ぜひお力をお貸しください。よろしくお願いします

　保護者の思いを理解したことを確認したうえで、確実にできることを具体的に説明します。保護者の声を聞きながら子どもの指導にあたっていくことも伝えましょう。

▶▶ アドバイス

　ミスを指摘されたときには、謙虚な態度でそれを受け止めます。自分に非があると感じたときには素直に謝罪し、今後の対応を説明するときは、自分の力量を踏まえて、確実にできることだけを約束します。実現できそうにないことを約束してしまうと、保護者の信頼をますます失います。その際、管理職や学年主任も同席し、学校や学年として一緒に対応していくという方向性を示すと、保護者もより安心します。1人で抱え込まず、複数の教師で問題解決に臨むことが必要です。

42 ほかの教師に対する不満を訴えてきたとき

　保護者が担任教師の指導に不満をもったとき、その不満を直接、その教師にぶつけずに、以前担任だった知り合いの教師に訴えることがよくあります。

　保護者は不満を直接、担任教師にはぶつけづらいものです。その点を理解し、保護者と担任教師との信頼関係がさらに高まるように慎重に対応しなければ、問題は思わぬ方向へと発展してしまいます。学校は問題に真摯に対応するという姿勢が保護者に伝わるように、ていねいに対応します。

 よくない対応・しがちな対応

安易な気持ちで保護者に同調してしまう

（以前担任だった教師に）今のゴトウ先生は宿題が多くて、毎日宿題を終わらせるのが大変なんです

適当に話を合わせておこう

私も以前から、ゴトウ先生の指導には疑問に思うこともありました

　保護者から相談を受けた教師は、その場をやりすごそうと、安易な気持ちで保護者の苦情に同調してしまいがちです。とくに、自分とは指導方針が異なる教師に対する苦情に対してはよくあるケースです。

 保護者の気持ちと反応

知っている教師に不満を言えば解決するだろうと考える

　担任に直接は言いにくいので、知っている教師に不満を言えば解決されるだろうと期待します。しかし、相談した教師がその不満を担任に伝えず、その後、改善が見られないと、学校への不信感が高まっていきます。

担任教師や不満を伝えた教師を批判する

　不満に十分対応してくれないことに失望し、担任教師への信頼感を失うだけでなく、不満を伝えた教師にも不信感をもつようになります。

① 保護者の話を十分聞き不安な気持ちを受け止める

> 今の担任のゴトウ先生のことなんですけど、宿題が本当に多くて、子どもが困っています

> お気持ちはよくわかります。ゴトウ先生と直接お話しされると、案外と納得されるかもしれません

　不満を直接、担任教師に伝えるには勇気が必要です。教師が保護者の心理を理解し、不安な気持ちを受け止める姿勢を示すことで、不安を軽減させるようにします。ただし、「私から伝えます」ということは言ってはいけません。

② 問題を整理し保護者の期待する対応を確認する

> 宿題が多いということですが、いま、カイトくんが宿題を終わらせるのにどのくらい時間がかかっていますか？

　保護者の話を聞きながら、担任教師のどのような指導に対して不満をもっているのか、どのような対応を期待しているのかを事実に基づいて整理し、確認していきます。このとき、即答したり、担任教師を擁護したりしてはいけません。

③ 学校として確実に対応することを伝える

> お母さんは、習い事や塾の勉強も考え、宿題が負担にならないくらいの量であることを望んでいるのですね？

> 宿題の量や出し方については、もう一度、学年（学校）として確認しますので、少しお時間をいただけますか？

　保護者の不満の内容が整理できたら、それを保護者とともに確認します。そして、問題の解決に向け、学年（学校）として同一歩調で取り組むこと、確実に対応することを伝え、保護者の理解と協力を求めます。

▶▶ アドバイス

　まずは「不満をもっている保護者はわが子のことを思うあまり、顔見知りの自分に相談をしてきたのだ」と考え、保護者の不満を十分に受け止めます。そして学校、学年全体で共有し、真剣に問題解決に関わってくれていると保護者に感じてもらえるように対応します。そのうえで、学校としても宿題の量や内容について、学校全体で確認し合う場を設け、共通理解を図ります。そうすることで、学級ごとの差が少なくなり、保護者の不安・心配も軽減されていきます。なお保護者には、今後また何か疑問が生じた場合には、当該教師に直接相談するように促します。

43 電話口で教育委員会に連絡すると言われたとき

　近年、学校で何か問題があったり、教師の指導に不満を感じたりしたときに、「教育委員会に連絡します」と口にする保護者が増えています。「苦情は教育委員会へ」といった保護者心理があることを、教師は認識し、あわてず対処します。

　保護者がどのようなことに納得していないのか、担任に話しづらいことがあったのか、できれば担任として直接会って話をうかがいたいなど、ていねいな対応に心がけます。そして、保護者から聞き取った話の内容については管理職に伝えます。

 よくない対応・しがちな対応

保護者からの訴えにあいまいな返答をくり返す

先生、うちの子どもが、先生が厳しくて学校に行きたくないと泣いています。今までも何度かお願いしてきましたが、もう我慢できないので教育委員会に連絡します

ちょっと待ってください。私もがんばっているではないですか

　保護者から「教育委員会に連絡する」と言われると、教師はあわててしまいがちです。その結果、「担任として努力しています」といったあいまいな返答をしてしまい、保護者のせっぱつまった思いに添った対応ができないことがあります。

 保護者の気持ちと反応

すぐに対応する気配が感じられず学校への不信感が高まる

　保護者は当初、すぐに対応してもらえると考え、担任教師に問題の改善を願い出ますが、期待したような努力をしてくれない、問題の重大さを認識していないと感じると、学校への不信感が急速に高まっていきます。

教育委員会に訴える以外の方法はないと考える

　担任教師や学校に訴えてもむだであり、問題を解決するためには、もう教育委員会に訴える以外の方法はないのではないかと考えてしまいます。

①担任としての対応のまずさをまずおわびする

今までに、あれほどお話してきたではありませんか！

お子さんの気持を十分に理解できず、申し訳ございませんでした。一度、お話し合いの機会を持たせていただけませんか？

保護者から厳しい言葉をあびせられるかもしれません。まず、保護者の不安な気持を十分聞き、わびるところは素直にわび、保護者の気持ちを受け止める姿勢を示し、不安を少しでも軽減させることが求められます。

②話し合いの場を設定し子どもへの対応を確認する

学校にお越しいただき、ありがとうございます。私の対応に不備がありましたことをおわびいたします。今日は、私の指導についてお話をし、担任として改めるべきことをご指摘いただきたいと思います

保護者も、教育委員会に話をすることは勇気を必要とします。保護者が、担任教師や学校に望む対応を直接面会して確認し、お互いの認識の差をうめることが大切です。

③学級として確実に対応することを伝え信頼関係の構築を図る

お子さんのようすをお聞きし、自分でも厳しすぎたと反省しています。今後は、子どもたちの考えを取り入れ、楽しく過ごしていきたいと考えています。お子さんを不安にさせてすみませんでした

これからは指導を改めてくださるんですね。よくわかりました。よろしくお願いいたします

保護者はわが子が元気に毎日、学校に通うことが何よりの喜びです。指導方針はきちんと持ちつつ、過度な指導にならないよう注意します。子どもの学校でのようすを見てもらうだけで、保護者の理解を得られることがあります。

▶▶ アドバイス

　近年、教育委員会はサービス機関的存在だと保護者から認識されるようになっています。実際、保護者が教育委員会に訴えると、教育委員会は即座に対応し、保護者の訴えを聞き、その旨を該当校に連絡しますので、こうしたケースが増えています。
　今後は、保護者に学校参観を促したり、連絡帳でこまめに子どものようすを伝えたりするなど、指導のようすを発信する努力が必要です。保護者会で教師が積極的に自己開示することも、保護者が教師に相談しやすい関係をつくることにつながります。
　保護者からの訴えが教師1人では解決できない内容だと考えたら、1人で悩まず、学年主任や管理職に相談することが大切です。

44 教師や学校に対する不満を教育委員会に訴えたとき

　教育委員会は保護者から苦情が寄せられると、保護者の訴えを聴取し、その内容を当該校の校長に連絡します。学校は大きな課題を突きつけられ、教師は自身の指導に不安を抱きます。

　学校組織として対応することが原則です。対応を誤ると学校の信頼を大きく損ない、信頼回復に多大な時間と労力を必要とすることになるからです。そのうえで、担任教師としては、日頃の学級経営を見直す機会と受け止め、問題解決に向けて、保護者と慎重かつていねいな話し合いを積み上げることが大切です。

　よくない対応・しがちな対応

動揺して自分の判断だけで保護者に対応してしまう

担任のネモトです。本日、キシダさんが、教育委員会へお話に行かれたと学校長より聞きました。担任としてどのようなところがご不満なのかを教えていただきたいので、学校に来てお話していただけませんか？

　教師は、校長の話に動揺しがちです。保護者はなぜ直接話をしてくれなかったのかと思ったり、事が大きくなっては大変だと保身を考えたりして、保護者の背景を考えることなく、先走って1人で解決しようとしがちです。

　保護者の気持ちと反応

学校の対応に我慢できず学校不信が極度に高まる

　不満を教師にも学校にも理解してもらえず、具体的な対応も何もないと感じ、学校への不信感が極度に高まっていきます。

学校批判の活動を活発化させる

　学校との信頼関係が失われたと考え、教育委員会に訴えます。同時に、学校に批判的な保護者とともに、「保護者代表」として、批判の声を広める活動を拡大していきます。

①保護者からの訴えの内容を確認する

> ネモト先生、先生のクラスの保護者から先生の指導について、今日、教育委員会に訴えがあったと連絡がありました

> どのような内容だったのでしょうか？

　教師は、自身の指導への不満を直接教育委員会に訴えられたことに動揺しますが、保護者の思いを念頭に置き、訴えの内容を冷静に確認します。

②管理職を交え訴えの内容を検討し協議する

> ネモト先生が子どもたちを放任するので、保護者のお子さんが勉強に不安を抱えているとのことでした

> これまでは、できる限り子どもの自主性に任せてきましたが、たしかに、学級は落ち着かず、勉強も遅れがちでした。そのことが保護者に伝わったのだと思います

　管理職や学年主任が同席し、訴えの内容について一緒に整理します。保護者の不満点について、学年として臨むことや、指導の改善点を具体的に確認していきます。

③保護者と話し合い教師の決意を述べる

> 私の指導が不十分であったことをおわびいたします。お叱りいただいた点について、担任として今後、つぎのような取り組みをしてまいりたいと思います。ご理解いただければ幸いです
> 　①授業では話す人を見て話を聞きます
> 　②クラスをまとめるためにお楽しみ会的な取り組みを月1回開きます
> 　③帰りの会では友だちのよいところを認め合う時間を設けます
> 　④学級通信を活用し、保護者の声を取り入れていきます

　保護者が問題と考えている事柄について、「がんばります」「努力します」といった抽象的な言葉ではなく、どのように対応するのかを具体的に話します。最後に、保護者の同意を得て、一緒に連携して取り組む約束を取りつけます。

▶▶アドバイス

　学校が一度、地域や保護者の信頼を失うと、その回復には長期にわたり学校全体での大変な努力が必要となります。担任教師としてはつらく苦しい局面ですが、まずは保護者の思いを十分に考え、素直に指導の不十分さをおわびします。そして、学級経営の立て直しのよい機会だと思って、胸襟を開いて積極的に対応する勇気が必要です。同時に、保護者に親しみをもって接し、真剣に問題解決に取り組む教師であると感じてもらえるようにすることが大切です。

45 保護者のあいだで教師批判が広まってしまったとき

　授業が成立しない、学級が荒れているなど、学級経営上の困難に対して、保護者が集団で学校に抗議してくるケースが増加しています。担任教師は精神的に追いつめられ、どう対応したらよいか冷静な判断ができなくなってしまいます。
　担任教師が1人で対応できることではありません。早めに管理職に相談し、ＰＴＡ役員の保護者とも話し合いの機会を設け、緊急保護者会を開くなど、学校組織として対応することが必要です。

よくない対応・しがちな対応

保護者の抗議をただ聞くだけで、何もせずに時間だけが過ぎていく

先生、クラスの荒れを何とかしてください！　何回もお願いしてきたのに、一向に落ち着く気配がないじゃないですか！

私もがんばって授業しているんです。でも、子どもが落ち着かないので困っています

　保護者から強く訴えられると、教師は臆してしまいがちです。窮状ばかりを訴え、今後、どのように取り組んでいくのかといった建設的な発言がないため、保護者の不安、不満がさらに強くなってしまいます。

保護者の気持ちと反応

学級が荒れているといううわさを聞き不安が高まる

　学級が荒れているといううわさを聞き、半信半疑であったものが、子どもから状況を聞くにつれ、それを事実として受け止めるようになります。学校は何もしてくれない、隠しているのではないかという不安感、不信感が高まります。

状況が改善されず抗議の意思表示をする

　担任教師から説明を受けても状況が改善されないと、それは弁解や言い訳と受け止め、不満が増幅されます。その結果、それまでは批判的でなかった保護者も巻き込み、クラス全体の声として、学校への抗議という形で自分たちの意思表示をおこなうようになります。

①緊急保護者会を開き学級の実態を正しく伝える

今、クラスはとても落ち着きのない状態にあります。私の指導力不足です。みなさまには、ご心配をおかけして大変申し訳なく思っています

　教頭、校長が同席した緊急の保護者会を開きます。学級の実態について、隠したり言い訳したりせずに、起きている事実を率直にそのまま話し、率直におわびします。

②保護者から意見を聞く

学級担任として、今後、お子さんが楽しいと思える学級をつくっていきたいと思っています。みなさまの率直な声をお聞かせください

　学級で子どもに守らせたい約束について保護者と話し合います。4人程度のグループに分かれ、話し合われた内容をグループごとに発表してもらい、保護者の意見や要求を聞きます。

③学校から具体策、決意、要望を伝える

これからは落ち着いた学級のなかで学習ができるよう、クラスのルールを徹底させたいと思います。がんばりますので、今後ともよろしくお願いします

　話し合いの締めくくりとして、教頭が現状の打開に向けた今後の指導体制などをできるだけ具体的に説明します。続いて、学校長からは学校全体で取り組む決意を、担任教師からはこれまでの経過を厳粛に受け止めつつ今後もがんばっていきたいという決意を述べ、保護者に協力をお願いします。

▶▶アドバイス

　保護者会を開く場合は、事前にPTA役員を招き、保護者の不安や不満の内容と程度を教えてもらいます。そのうえで、PTA役員、担任教師、学年主任、管理職による話し合いをおこない、学級の問題点と対策を再度、明確にしておきます。
　保護者会では、担任教師は批判の矢面に立たされ、厳しい状況に直面するかもしれません。しかし、保護者の期待に応えられなかった事実については謙虚に反省の言葉を述べ、今後の指導方針を具体的に示し、保護者の協力を願いつつ、これからもがんばっていくことを約束します。そうした姿を示すことで、保護者のあいだに、教師を見守ろう、支えていこうという気持ちが生まれます。

Sample 4 保護者からのクレーム対応のフロー

▶▶ アドバイス

　要望や苦情を言ってくる保護者を最初からクレーマー扱いしてしまっては、だれの利益にもつながりません。要望や苦情は学校への期待や願いの表れであると捉え、保護者の立場でその背景や理由を理解するように努めます。初期対応がとくに肝心です。真摯に受け止め、最後までていねいに傾聴します。

第5章

保護者の義務や学校からの要請を無視する保護者に対応する

　　自分のことで精一杯か、子どもの教育に対する関心が低く、それが自分の子どもへの対応にも出てしまっている保護者です。
　問題となっていることに対して、ストレートに連絡帳や電話で改善を求めたり、「話し合いたいので学校に来て欲しい」と呼したりする出す前に、日頃の小さなできごとをきっかけに、保護者と接点をつくっていくことが求められます。

46 教材費や給食費の滞納が続くとき

　要保護、準要保護といった公的な経済支援を受けている家庭があります。しかし、支援を受けたお金をどう使うかは保護者に委ねられているため、子どもの教育費に充てるべき費用が生活費に消費される場合もあります。

　各家庭の経済状況について、学校は介入することができません。教育に関する保護者の悩みはさまざまですが、そこに金銭が絡んでくると一筋縄ではいきません。お金に関する対応について、教師ができることとやってはいけないことを整理して考えます。

 よくない対応・しがちな対応

不憫に思って教材費や給食費を立て替えてしまう

先生、じつはお恥ずかしい話なのですが、今月は収入がないんです。今月は教材費を立て替えていただけないでしょうか？

そうですか……。大変ですね。今月分は私の方で立て替えます。来月は2カ月分のお支払いをお願いします

　ほかの子どもと同様の教育を受けられない場合が想定されるため、教師は何とかしてあげたいと考えがちです。

 保護者の気持ちと反応

ひとまず何とかなったことに安心する

　後ろめたさは残るものの、その場しのぎでも何とかなった安心感から、今後の支払いに対しても「何とかなる」と楽観的に考えてしまいます。

教師の対応が変わると不信感が高まる

　ところが、つぎに同じことがあったときに立て替えを断わられると、「このあいだは助けてくれたのに」と教師への不信感が高まります。

 こうしよう

①学校としてできないことをはっきりと伝える

今月は教材費を立て替えていただけないでしょうか？

大変な事情はわかりましたが、立て替えることはできないんです

学校として、教師として、できないことは「できません」とはっきり伝えます。

②学校としてできることを伝える

教材屋さんに支払いを待ってもらえるか、待ってもらうとしたらいつまでなら待ってもらえるかを確認することはできます

ご迷惑をおかけしてすみません。よろしくお願いします

教師としてできる限りのことをするとしたら何ができるのかを考え、伝えます。

③滞納が起きないような対策を検討する

●保護者の知りたい情報
- 経済的な困難を抱える家庭には、個別に要保護申請や奨学金受給などの手続きを紹介する
- 年間の教材費の支払時期と金額を文書で知らせる
- 口座への入金忘れなど、よくある滞納の事例を文書に掲載し、注意喚起する
- 家庭の経済的負担を軽減するために、同じ教育効果を見込めるのであれば、より安価な教材を選択する

年度はじめに要保護や奨学金受給等の申請に関する情報を提供したり、教材費の軽減に努めたりして、滞納が起きないよう工夫します。滞納が起きそうな家庭には、それによって想定される状況をさりげなく伝えておきます。

▶▶アドバイス

金銭の問題は、家庭の経済事情が関係しますので、とても慎重な対応が求められます。安易な対応をしてしまえば、教師自身が苦しむことになりかねません。
一方、一部の家庭の滞納が常態化してしまうと、きちんと支払いをしているほかの家庭や子どもたちにも不利益が生じてしまう可能性があります。事前にできるだけの工夫をすることで、金銭の問題が日々の教育活動に影響を及ぼさないようにしたいものです。

47　書類が提出されないとき

　年度はじめの家庭環境調査票や、行事への参加の有無を知らせる書類など、保護者に提出してもらう書類は数多くあります。しかし、なかには、教師がいくら働きかけてもなかなか提出してくれない保護者もいます。
　書類の提出が滞りがちな保護者のなかには、子どもの頃の経験から、学校に対してネガティブな感情を抱いている人もいます。何度も連絡して催促をくり返すと、逆効果になる場合もあります。このような場合は、学校に対する保護者の抵抗感を減らす対応が求められます。

　よくない対応・しがちな対応

焦りから保護者を責めてしまう

先日お配りした家庭訪問の日程調査票なのですが、提出していないのはヤマシタさんだけですので、できるだけ早く提出していただきたいのですが……

忙しくてなかなか都合がつかないんですよ。うちは家庭訪問はなしで結構です！

　期限内に書類がそろわないと指導や活動に支障が出るため、焦って「早く提出してください」と保護者を責めるような発言をしてしまいがちです。

　保護者の気持ちと反応

一方的に責められたと感じ自分の非を認められない

　教師から攻撃されたように感じ、抵抗感が高まります。提出していない自分が悪いとわかっていても素直に非を認められず、投げやりな発言をしてしまいます。

学校行事への参加や教師との関わりを避けるようになる

　学校に対してもともと抱いているネガティブな感情がさらに増幅し、学校行事への参加や教師との関わり自体を避けるなど、学校との距離がさらに開いていきます。

 こうしよう

①提出できない事情を確認する

 家庭訪問の日程調査票ですが、お手元に届いていますか。提出できないご事情があるのではないかと思って心配しています

 仕事のシフトがはっきりしなくて、まだ提出できていないんです

　学校の都合を押しつけたり、保護者の責任感のなさを追及したりするのではなく、提出できない理由を、保護者の心情に配慮しつつ確認します。

②別の方法を提案し選択してもらう

 書類の提出がむずかしいようでしたら、連絡帳や電話での回答でもかまいません。ほかのご家庭の日程を調整した後にご都合のよい日時を選択していただいてもかまいません。どういたしましょうか？

 では、わかり次第、連絡帳で伝えます

ありがとうございます。むずかしい場合はまた考えましょう

　書類の提出にこだわらず、保護者の状況に合わせて学校が譲歩できるいくつかの選択肢を提案し、無理なくできる方法を選択してもらいます。

③日頃から接点を増やし学校への抵抗感を減らさせる

朝自習で、シオリさんは草花の図鑑を熱心に読んでいました。お花が大好きなんですね

シオリさんは給食で苦手なニンジンを1つ食べることができました

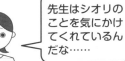 先生はシオリのことを気にかけてくれているんだな……

　日頃から、子どものようすを連絡帳で知らせたり、世間話をする機会を増やしたりして、保護者の学校への抵抗感を減らし、担任教師と気軽に話せる関係をつくります。

▶▶ アドバイス

　決められた書類を提出しない保護者に対し、親として、社会人として責任感が足りないのではないかとイライラしたり、嫌悪感を抱いたりしてしまうかもしれません。たしかにそのような側面はあるかもしれませんが、そのことをストレートにぶつけても、保護者の心は学校から離れていくばかりです。まずは抵抗感なく教師と話してもらえるような関係をじっくりとつくっていくことが大切です。十分な関係形成ができると、教師の考えや願いも少しずつ受け入れてくれるようになります。

48 予定の急な変更を要請されたとき

　個別面談の当日になって、保護者から日時を変更して欲しいなどと連絡が入ることがめずらしくなくなりました。これは近年、共働きの家庭が増えていること、生活のために昼夜とも仕事をせざるを得ない家庭も見受けられること、保護者の価値観が多様化していることなどが原因と考えられます。
　「保護者は学校のことを最優先するべきである」という、教師自身の従来の価値観を見直し、まずは保護者との信頼関係を構築することが大切です。

よくない対応・しがちな対応

学校を最優先すべきという価値観を押しつけてしまう

すみません。今日の面談時間を変更していただきたいのですが……
どうしても抜けられない仕事が入っちゃたのに。気分悪いわ

急な変更はできません。ほかの保護者にも迷惑がかかります

　ほとんどの保護者は、仕事を休んだり、変更したりして学校行事に参加できるようにしているため、教師はこの保護者は子どもや学校を大切にしない人だと思いがちです。どうして変更しなければならないのか、まずは保護者の言い分をよく聞いてから、いつなら来られるのか、折り合い点を探ることが大切です。

保護者の気持ちと反応

教師の価値観を押しつけられたと感じる

　仕事上の理由などでやむを得ず相談したのに、話も聞いてもらえなかった、という不満だけでなく、教師の価値観を一方的に押しつけられたという不信感をもってしまいます。

教師の言動に批判的になる

　自分の価値観を教師から否定され、責められたと感じ、傷つきます。その後の教師の言動に批判的になり、学校行事などにも非協力的な態度をとるようになります。

①理由をていねいに聞く

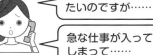

すみません。今日の面談時間を変更していただきたいのですが……

急な仕事が入ってしまって……

どうされましたか？

それは大変ですね。何時ならご都合がよろしいですか？

　保護者にもやむをえない理由があるのだという態度でていねいに理由を聞き、受け入れる姿勢を示します。「理由も聞いてもらえない」と思わせないようにします。

②保護者と一緒に調整する

今日なら夕方6時頃には何とか……。週末ならば終日大丈夫です

ありがとうございます。仕事が終わったらすぐに行きます

6時でしたらお待ちしています

　保護者と一緒に、具体的な日程調整をします。やむを得ない事情によって時間外や休日しか都合がつかない場合は、管理職と相談のうえ、可能な範囲で保護者の希望に添った対応をします。

③できるだけ協力してほしいという思いを伝える

面談では、1年間の学校行事をご説明するだけでなく、お子さんの学校でのようすもお伝えしたいと思っています。学校のようすを知っていただく大切な機会ですので、ご協力いただけると、とてもありがたいです

　1年間の学校行事の予定を示してそれらの教育上の意義を伝え、子どものためにもできるだけ参加してもらえるように協力を依頼します。

▶▶ アドバイス

　教師は1年間の学校行事を年度当初に示し、授業参観や面談、家庭訪問などは、子どもの成長発達の状況を保護者が把握、理解するうえでとくに重要な行事であることを伝え、協力を依頼することが大切です。それでも多くの保護者から休日や時間外の希望がある場合は、実施時期や時間がそもそも保護者の生活実態と乖離していることが考えられます。学校全体の問題として、管理職やPTAとも相談しながら、再検討する柔軟さが必要です。

49 言葉や文化の違う保護者とコミュニケーションをとるとき

　近年、外国籍の子どもが増えています。かれらが学校で適応していくためには、その保護者とも良好なコミュニケーションをとっていくことが大切です。しかし、日本語がわからない場合や、文化・宗教上の違いなどからストレスや不安を抱え、教師としても対応がむずかしいことが少なくありません。

　また、来日の事由や在留資格、在留期間もさまざまで、それぞれのケースで望ましい教師の関わり方は異なります。教師としてどのようなサポートができるかについて考えながら対応する必要があります。

　よくない対応・しがちな対応

コミュニケーションに対して消極的になる

言葉の壁も文化の違いもあるから、家庭訪問しても意味がないかな……。それに、もし誤解でも生じたら困るし……

子どもは楽しく学校で過ごしているのだろうか。先生とお話ししたいけど、来てくれないし、不安だな

　言葉の壁、文化の違いから誤解が生じることを必要以上に恐れ、家庭訪問など、保護者とのコミュニケーションに対して消極的になってしまいがちです。

　保護者の気持ちと反応

子どもは学校で楽しく過ごしているのか不安になる

　子どもが学校からもち帰る便りや連絡帳を読んでも、内容を理解できません。内容を知りたいと思っても、どのようなサポートをどこで受けられるのかもわからず、不安になります。

時間とともに学校や教師に批判的になる

　不安な状況が長引くにつれ、「外国人だから邪魔者扱いされている」といった疎外感を抱きはじめます。何もしてくれない学校や先生に対して「自分たちのことを大切にしてくれない」と感じて批判的になってしまいます。

①まず家庭訪問してコミュニケーションをする

「（身振り手振りを交えて）大丈夫ですよ、これから仲よくしていきましょう」

「来てくれてうれしい。この先生は私たちに親切にしてくれるわ」

　転入学後、すぐに家庭訪問をします。笑顔や身振り手振りなど非言語コミュニケーションを交え、教師や学校は、子どもも保護者も大事にしているという態度を示し、保護者の不安を軽減します。

②保護者の母語に翻訳した学校連絡見本を探して提供する

「これは学校行事をポルトガル語に翻訳したものです。ごらんください」

「これならよくわかる」
「先生、ありがとう」

　外国籍の子どもを受け入れたことのある学校、所管の教育委員会、国際交流センターなどから、学校行事や学校生活などを保護者の母語に翻訳した資料を取り寄せて提供し、保護者が日本の学校生活のイメージをつかめるようにします。

③学校全体での異文化交流や国際理解教育を進める

「カルロスくんの言葉や文化を知ろう。カルロスくんに聞いたり、本で調べたりしてみよう」

「日本とのつながりが意外と深いのにびっくりした」

「大人になったらカルロスくんと一緒に仕事しているかも」

　学校全体でソーシャルスキルトレーニングや構成的グループ・エンカウンターを実施し、異文化交流の基礎となるスキルを子どもたちに身につけさせつつ、国際理解教育を進めていきます。

▶▶ アドバイス

　母国を離れ、日本で新たな生活をはじめる子どもと、その保護者が抱く不安は計り知れません。また、子どもに比べて保護者の方が不安が大きいことも多く、保護者の不安感がそのまま子どもの学校生活に影響しがちです。まずは、その不安を少しでも解消することが必要です。現在では、外国籍の子ども用の教材も作成されていますので、必要に応じて取り寄せるとよいでしょう。

Sample 5 ▶ 自治体などで作成している外国人保護者への支援資料

ポルトガル語版

就学ガイドブック
GUIA ESCOLAR

日本の学校への入学手続き
Procedimentos para matrícula em escola japonesa

2015年4月
Edição Abril de 2015

文部科学省
Ministério da Educação, Cultura, Esportes, Ciência e Tecnologia do Japão

▶▶ **アドバイス**

外国人保護者の言動に戸惑うことも少なくありません。しかし、それは日本の学校教育への理解を深めてもらうための支援不足が原因です。文部科学省から7カ国語の就学の手引きが発行され、インターネットで閲覧やダウンロードが可能です＊。また、独自の支援パンフレットを発行している自治体も多いので、参考にします。

＊文部科学省「外国人児童生徒のための就学ガイドブック」：
http://www.mext.go.jp/a_menu/shotou/clarinet/003/1320860.htm

あとがきにかえて
組織的な支援が必要な保護者に対応するとき

●組織的対応が必要な保護者

　本書では、教師がしばしば直面する保護者との対応が必要な場面での具体的な対応方法を提案してきました。

　しかし、なかには、健全な社会生活を送ることがむずかしい保護者や、子どもを養育することがむずかしい保護者、適切な社会的支援や対応が必要な保護者との対応を迫られることがあります。

　たとえば、
・経済的に破綻しており、社会生活を送ることが極めてむずかしいと推測される保護者
・精神的な問題を抱えており、社会生活を送ることが極めてむずかしいと推測される保護者
・外国の方で地域や学校とのコミュニケーション成立が極めてむずかしいと推測される保護者
・子どもに対する虐待やネグレクトが推測される保護者
　などです。

　このような保護者をそのままにしてしまうと、ショッキングな事件につながってしまったり、たとえそのようなことが起こらなかったとしても、子どもの成長に重大なマイナスの影響が出てしまったりします。その一端が、学校場面で子どもに関わる内容で、問題として表出してくるのです。

　そのような保護者に出会った場合、担任教師が1人で対応するのではなく、管理職を通して地域の専門機関とも連携し、学校として組織的に対応するこ

とが必要です。担任教師は、そうした組織的対応のなかで、子どもへの対応を中心に、特定の役割を分担していくことが求められます。

●求められる対応の指針

　子どもの学校でのようすに問題があり、その保護者に上述のようなことが推測される場合は、次のような対応をしていくことが求められます。

・**事実と推測を区別して記録する**

　管理職に報告をしたうえで、子どもの状況や、保護者のようすをある程度把握し、整理していきます。

　気になる子どものようす、できごと、保護者との対応のようすを、第三者が見てもわかるように、時間の経過に沿って、しっかりと記録します。

　事実と教師の解釈・推測をしっかり区別して記録することがポイントです。

　たとえば、「体臭がする、常に体にいくつかの傷が見られ、保護者の養育放棄・虐待があると思われる」というような記録では不十分です。

　「11月7日から11月11日まで5日間、同じジャージを着用していた」（事実）。「11月14日の体育の着替えのときに、右腕の上腕部に7、8センチのあざが認められた。さらに、3日後の11月17日、左足の太ももに7、8センチのあざが認められた」（事実）。「その都度、本人にあざについて『どうしたの？』と質問したが、明確な返答が得られなかった」（事実）。「家庭で育児放棄、あるいは虐待がある可能性が考えられる」（推測）、という具合です。

・**気軽に連絡できるようにする**

　子どもの状態を詳細に記録する一方、子どもの支援にプラスになる家庭の情報や、保護者の思いを得るために、少しでも多く保護者と連絡を取り合うように努めることが必要です。そこで、気になることがあった場合など、保

護者と教師が安心して連絡を取り合えるように、具体的な連絡方法（電話なら何時頃、どのように）を事前に決めておくとよいでしょう。

　そのうえで、小さなことでも、何かあった際は、それをきっかけにして教師から家庭に連絡を取ります。子どもが学校で元気がないときなどは、電話などで状況と具体的な対応を伝えます。そのとき、最近の家庭での子どものようすなどを、ゆったりと、少し茶飲み話でもするように聞けるとよいでしょう。

　また、学校でよいできごとがあった場合は、連絡帳で伝えると、保護者は、子どもとともに、常に自分も教師から気にかけてもらっていると安心します。

　このような対応は、最終的には子どもの精神的な安定となって返ってきますから、余計なことと考えず、できる範囲で取り組みたいものです。

・組織的対応を要請する

　以上のような対応を積み重ねながらも、子どものようすや、保護者や家庭の状況に深刻な問題があると推測される場合は、速やかに管理職に報告し、組織的な対応をするように要請します。

　その後は管理職の判断のもと、専門家のサポートを受けながら、学校は学校教育のなかでその子どもにできることを精一杯おこなうことが求められます。学校教育でカバーできないことは、児童相談所、病院、社会福祉機関、警察などの専門家に分担して対応してもらうことが必要です。

　担任教師はそのような組織の一員として、必要な役割を果たすことが求められます。くれぐれも抱え込みすぎて、学校教育でなすべきことに支障が起きないように注意しなければなりません。

河村茂雄

■編著者紹介

河村茂雄

早稲田大学教育・総合科学学術院教授
日本学級経営心理学会理事長、日本教育カウンセリング学会理事長、日本カウンセリング学会理事、日本教育心理学会理事、日本教育カウンセラー協会岩手県支部支部長。
筑波大学大学院教育研究科カウンセリング専攻修了、博士（心理学）。
公立学校教諭や教育相談員を15年間経験し、岩手大学助教授、都留文科大学大学院教授を経て現職。
論理療法、構成的グループエンカウンター、ソーシャル・スキル・トレーニング、教師のリーダーシップと学級経営について研究を続ける。「教育実践に活かせる研究、研究成果に基づく知見の発信」がモットー。

［おもな著書］
「教師力（上・下）」「学級崩壊に学ぶ」「教師のためのソーシャル・スキル」「変化に直面した教師たち」「心のライフライン」（以上、誠信書房）、「日本の学級集団と学級経営」「Q‐Uによる特別支援教育を充実させる学校経営」「学級ソーシャルスキル」「Q-U式学級づくり」（以上、図書文化）、「教師のための失敗しない保護者対応の鉄則」（学陽書房）など多数。
執筆担当：読者のみなさまへ、あとがきにかえて、18、24

■執筆者紹介（50音順、執筆項目）

苅間澤勇人（会津大学上級准教授）	46、47
川俣理恵（早稲田大学教育・総合科学学術院非常勤講師）	23、28～30、34
河村昭博（早稲田大学大学院教育学研究科博士後期課程）	38
木村佳穂（早稲田大学教育・総合科学学術院非常勤講師、栃木県スクールカウンセラー）	5～11
齊藤　勝（杉並区立桃井第三小学校教諭）	39～41
佐藤謙二（八幡平市立寺田小学校校長）	26、27
高野七良見（早稲田大学大学院教育学研究科博士後期課程）	13～16
戸室　明（元千葉県松戸市立南部小学校、早稲田大学客員教授）	42～45
根田真江（応用教育研究所研修主事、富士大学客員教授）	31～33
深沢和彦（南アルプス市立櫛形北小学校教諭）	Sample 1～5
藤村一夫（葛巻町立葛巻小学校校長）	22、25
藤原寿幸（新宿区立早稲田小学校主任教諭）	35～37
水谷明弘（早稲田大学教育・総合科学学術院非常勤講師）	48、49
武蔵由佳（盛岡大学准教授）	1～4
森永秀典（岡山市立芳泉小学校教諭）	12、17、19～21

■装幀　椎原由美子（シー・オー・ツーデザイン）
■本文レイアウト　佐藤健
■本文イラスト　アタフタグラフィックス
■本文組版　合同出版デザイン室

セリフでわかる
保護者の安心・信頼につながる対応術
「先生でよかった」と言われる先手のひと言

2016 年 11 月 25 日　第 1 刷発行
2021 年 4 月 15 日　第 2 刷発行

編著者　河村茂雄
発行者　坂上美樹
発行所　合同出版株式会社
　　　　東京都小金井市関野町 1-6-10
　　　　郵便番号　184-0001
　　　　電話 042（401）2930
　　　　URL http：//www.godo-shuppan.co.jp/
　　　　振替 00180-9-65422

印刷・製本　新灯印刷株式会社

■刊行図書リストを無料送呈いたします。
■落丁乱丁の際はお取り換えいたします。

本書を無断で複写・転訳載することは、法律で認められている場合を除き、著作権および出版社の権利の侵害になりますので、その場合にはあらかじめ小社あてに許諾を求めてください。
ISBN978-4-7726-1289-0　NDC376　210 × 148
©Shigeo KAWAMURA, 2016